BIBLIOTHÈQUE
PHILOSOPHIE CONTEMPORAINE

LES
CONCEPTS DE LA RAISON
ET
LES LOIS DE L'UNIVERS

PAR

EUGÈNE DE ROBERTY

Professeur à l'Institut psychoneurologique de Saint-Pétersbourg.

PARIS
LIBRAIRIE FÉLIX ALCAN
MAISONS FÉLIX ALCAN ET GUILLAUMIN RÉUNIES
108, BOULEVARD SAINT-GERMAIN, 108

LES
CONCEPTS DE LA RAISON
ET
LES LOIS DE L'UNIVERS

OUVRAGES DU MÊME AUTEUR

LIBRAIRIE FÉLIX ALCAN

PHILOSOPHIE PREMIÈRE

L'Ancienne et la Nouvelle Philosophie. 1 vol. in-8 de la *Bibliothèque de philosophie contemporaine*. . . . . 7 fr. 50
L'Inconnaissable; sa métaphysique, sa psychologie. 1 vol. in-18 de la *Bibliothèque de philosophie contemporaine* (Épuisé). 2 fr. 50
La Philosophie du Siècle. 1 vol. in-8 de la *Bibliothèque de philosophie contemporaine*; 2ᵉ édition . . . . 5 fr.
Agnosticisme. 1 vol. in-18 de la *Bibliothèque de philosophie contemporaine*; 2ᵉ édition. . . . . 2 fr. 50
La Recherche de l'Unité. 1 vol. in-18 de la *Bibliothèque de philosophie contemporaine*; 2ᵉ édition. . . . . 2 fr. 50

CRITIQUE PHILOSOPHIQUE

A. Comte et H. Spencer. 1 vol. in-18 de la *Bibliothèque de philosophie contemporaine*; 2ᵉ édition (Épuisé) . . . . . 2 fr. 50
Frédéric Nietzsche. 1 vol. in-18 de la *Bibliothèque de philosophie contemporaine*; 3ᵉ édition. . . . . 2 fr. 50

SOCIOLOGIE

La Sociologie. 1 vol. in-8 de la *Bibliothèque scientifique internationale*, cart. à l'anglaise; 5ᵉ édition. . . . . 6 fr.
L'Éthique. Le Bien et le Mal. 1 vol. in-18 de la *Bibliothèque de philosophie contemporaine*; ᵉ édition (Épuisé) . . . 2 fr. 50
Le Psychisme social. 1 vol. in-18 de la *Bibliothèque de philosophie contemporaine*; 2ᵉ édition . . . . 2 fr. 50
Les Fondements de l'Éthique. 1 vol. in-18 de la *Bibliothèque de philosophie contemporaine*; 2ᵉ édition. . . . . . . 2 fr. 50
Constitution de l'Éthique. 1 vol. in-18 de la *Bibliothèque de philosophie contemporaine*; 2ᵉ édition. . . . . 2 fr. 50
Nouveau Programme de Sociologie. 1 vol. in-8 de la *Bibliothèque de philosophie contemporaine* . . . . 5 fr.
Sociologie de l'Action. 1 vol. in-8 de la *Bibliothèque de philosophie contemporaine*. . . . . 7 fr. 50

LIBRAIRIE PAUL OLLENDORFF

Qu'est-ce que le crime? Brochure. . . . . 1 fr.
Qu'est-ce que le progrès? Brochure. . . . . 1 fr.

LIBRAIRIE SCHLEICHER FRÈRES

Pourquoi je ne suis pas positiviste. Brochure. . . . . 1 fr.
Morale et Politique. Brochure. . . . . 1 fr.

LES
CONCEPTS DE LA RAISON

ET

LES LOIS DE L'UNIVERS

PAR

EUGÈNE DE ROBERTY

Professeur à l'Institut psychoneurologique de Saint-Pétersbourg.

PARIS

LIBRAIRIE FÉLIX ALCAN

MAISONS FÉLIX ALCAN ET GUILLAUMIN RÉUNIES

108, BOULEVARD SAINT-GERMAIN, 108

1912

Tous droits de traduction et de reproduction réservés.

LES CONCEPTS DE LA RAISON
ET
LES LOIS DE L'UNIVERS

CHAPITRE PREMIER

Introduction.

Dans un cas, les innombrables mutations que les phénomènes subissent et qui nous impressionnent ainsi que pourrait le faire un cinématographe dont on déroulerait sans cesse devant nos yeux les films magiques, se laissent attribuer à une seule et même modalité de l'énergie mondiale. En ces conditions, si vaste qu'il soit ou si profond qu'il nous paraisse, le processus évolutif demeure incomplet ou inachevé.

Dans l'autre, les changements effectués découvrent une modalité nouvelle de l'énergie cosmique ; et le processus évolutif, d' « unilatéral » qu'il était, devient « bilatéral ou « multilatéral », il aboutit à une *interpénétration* des choses, au sens le plus strict du terme.

Or, une expérience toujours confirmée, jamais démentie, prouve surabondamment que ce second rythme évolutif et les mutations énergétiques qu'il entraîne à sa suite ont pour agents directs, pour causes immédiatement déterminantes, non pas les choses ou les agrégats *concrets*, tels qu'ils tombent sous nos sens, mais leurs éléments constitutifs, tels qu'ils sont saisis et fixés (non plus perçus, mais conçus) par la pensée raisonnable où se manifeste, dans l'échelle totale des phénomènes mondiaux, l'interaction ultime, l'interpénétration des consciences bio-individuelles et son résultat, la transformation surorganique, l'avatar suprême de l'univers.

« Tout ce qui n'est pas pensée, dit Poincaré dans son livre sur la *Valeur de la Science* (p. 274), est le pur néant, puisque nous ne pouvons penser que la pensée et que tous les mots dont nous disposons pour parler des choses ne peuvent exprimer que des pensées ; dire qu'il y a autre chose que la pensée, c'est donc une affirmation qui ne peut avoir de sens. »

Oui, certes, tant que nous nous cantonnons dans le domaine de la connaissance ; mais nullement quand nous restons dans celui de la sensibilité pure ou de la conscience biologique. Parvenus comme nous le sommes, poussés par la lente évolution mondiale, au plus haut sommet de l'échelle des interéchanges, des interpénétrations, ou, si l'on aime mieux, des interfécondations des choses, nous pensons celles-ci *socialement*, nous les *concevons* ; ce qui veut dire que nous devenons capables de les considérer dans leurs rapports mutuels (vrai sens du terme : propriétés ou qualités intrinsèques des choses), dans leurs éléments constitutifs ultimes ou qui, à un moment donné, nous semblent tels.

Mais cela n'empêche en aucune façon l'humanité la plus « socialisée » (la plus civilisée) de penser les choses bio-individuellement, c'est-à-dire, avec toute l'animalité supérieure, de les sentir, de les percevoir, de se les représenter, en un mot, de les considérer concrètement comme autant de réalités physiologiques (images sensibles), indécomposées en leurs éléments ultimes et nécessairement abstraits (*note* 1). Et cela n'empêche nullement la même humanité, considérée comme un simple grouillement de matière vivante, de ne pas penser les choses du tout, ni d'une façon bio-individuelle ou concrète, ni d'une façon socio-individuelle ou abstraite, et seulement de participer, à son tour, dans l'ambiance et la circulation cosmiques générales, soit aux divers processus d'interaction chimique qui font éclore la vie, soit aux processus d'interaction physique qui se résolvent en phénomènes chimiques, sans parler déjà de sa participation manifeste aux mystérieuses vibrations élémentaires qui constituent le mouvement, la forme primordiale de toute existence.

Quoi qu'il en soit, les éléments derniers des choses ne se découvrent dans celles-ci qu'à une condition unique et toujours la même : il faut que les choses passent par une série de mutations ou complications profondes et successives et qu'elles revêtent déjà cette forme ultime (et qui, à ce titre, nous semble la plus parfaite) de l'existence universelle : la pensée sociale. En d'autres termes, les éléments qui constituent la trame essentielle du monde perçu par les sens, sont toujours et ne peuvent être que des abstractions, des idées, des concepts.

Les concepts auraient-ils donc une réalité située en dehors de l'esprit qui les fit naître, qui les forma, qui les cultive et qui préside à leur évolution?

Renouvelée sans cesse, cette question, on le sait, provoqua les réponses les plus contradictoires. Il n'y a pas lieu de s'en montrer surpris ; tel est le sort ordinaire des problèmes que la philosophie aborde et tâche de résoudre avant qu'ils n'aient été analytiquement étudiés par la science spéciale correspondante.

D'autre part, qu'est-ce que la loi naturelle et quelle sorte de liens l'unissent aux concepts de la raison? Possède-t-elle une réalité différente de celle qui appartient à l'idée pure ou abstraite? Les lois de l'intelligence, formulées par la logique, surtout sous sa forme quantitative, les mathématiques, gouvernent-elles, et dans quelle mesure ou dans quelles limites, la nature extérieure et, par suite, l'univers entier? (*note* 2).

Le problème du « concept » et celui de la « loi naturelle », ou le problème de la réalité du monde intelligible et celui du déterminisme universel, ont de bonne heure et longuement, cela au plus juste des titres, préoccupé la raison des hommes, avide de se connaître elle-même, de pénétrer et de saisir sa propre essence et ses rapports intimes avec l'univers.

Des efforts, qui nous frappent aujourd'hui encore d'une respectueuse et filiale admiration, furent faits dans ce but unique : déterminer la place, le rang de l'humanité dans la nature. La religion et la philosophie se consacrèrent avec une ardeur juvénile à cette grande tâche. Mais, ainsi que nous l'avons dit et pour des raisons maintes fois invoquées, ce fut précisément cela qui la rendit vaine et stérile. Les énigmes mondiales ne se résolvent point avec cette belle simplicité. La synthèse n'est pas un processus initial de la pensée collective et elle n'a de prise sur les objets d'expérience que s'ils ont passé par une phase analytique préparatoire, s'ils ont subi un stage prolongé dans la section correspondante du savoir spécial.

Or, en ce qui touche les deux problèmes connexes du « concept » et de la « loi naturelle », la théorie *sociologique* de la connaissance, opposée à sa théorie *métaphysique*, a été jusqu'ici et reste encore, à maints égards, une terre inexplorée et difficilement abordable. Et c'est, comme nos lecteurs le savent, à l'école néopositiviste que la pensée contemporaine doit les premiers jalons plantés sur la nouvelle route ouverte à l'expérience commune du genre humain.

L'étroite connexité du problème sociologique et du problème philosophique est évidente. Le premier domine le second qui apparaît comme son simple corollaire. Or le nœud du problème sociologique gît tout entier dans la théorie de la connaissance. Le problème sociologique ne saurait être non seulement résolu, mais même convenablement posé avant que la théorie de la connaissance ne passe, des mains des philosophes, dans celles des sociologues. Et le pas le plus décisif jusqu'à ce jour dans la voie d'une telle translation a été accompli par la philosophie et la sociologie néopositivistes.

Aussi estimons-nous qu'il sera utile, sinon même indispensable, avant de poursuivre cette étude, de résumer ici, en une sorte d'épitomé succinct, certaines propositions essentielles de la théorie du savoir ou gnoséologie néopositiviste. Au cours du présent volume, nous aurons souvent l'occasion d'invoquer l'appui de ces thèses, dont les raisons démonstratives, éparpillées dans nos autres travaux, ne furent que partiellement réunies dans notre *Nouveau Programme de Sociologie* et notre *Sociologie de l'Action*.

CHAPITRE II

Les Thèses néopositivistes.

Voici ces thèses :

1. — Le phénomène social apparaît, selon le point de vue auquel on se place, soit comme une complication, soit comme une transformation du phénomène vital dont il procède directement, puisqu'il est, par essence, une suite de rapports intercérébraux. En effet, tantôt nous jugeons que le fait social s'associe au fait vital et tantôt nous estimons qu'il s'y substitue. Dans le premier cas, nous le considérons d'une manière *abstraite*, dans le second nous le voyons tel qu'il tombe sous nos sens dans ce qu'on appelle la réalité sociale *concrète*. Il en est de même du phénomène vital par rapport au phénomène chimique, et de celui-ci par rapport au phénomène physique. Et ce n'est que grâce à une constante et rigoureuse séparation de ces deux points de vue distincts que la biologie, la chimie et la physique ont pu se

fonder et progresser. Sous peine d'arrêt dans sa marche en avant, la sociologie devra suivre leur exemple.

2. — Les rapports intercérébraux qui forment l'essence du phénomène social, modifient la cérébralité organique en lui permettant d'atteindre des idées générales, de produire des concepts, au lieu de s'arrêter aux images et aux représentations concrètes. Le terme de « surorganique » n'a pas d'autre signification. Il sert à distinguer le phénomène social du phénomène vital tout en indiquant que le premier ne se manifeste d'une manière sensible que s'il est accompagné du second. Il signifie encore que l'interaction continue des esprits fait jaillir le psychologique du psychophysique et tire la connaissance de la conscience.

Cette interaction est la cause ou le *quid novum* qui transforme les percepts en concepts, les jugements isolés et concrets en généralisations s'exprimant par des formules logiques et abstraites. Le fait qui s'enregistrait dans la conscience comme une trace fugitive de l'expérience bio-individuelle, comme une liaison encore lâche (et toujours exposée à être rompue) entre les désirs et les actes passés et les désirs et les actes futurs, s'y imprime désormais en caractères nets et (par le phénomène de la tradition) quasi impérissables, y devient à la fois une mémoire fidèle de l'expérience collective et une connaissance, une identification des désirs maintes fois ressentis et des actes maintes fois accomplis avec tous les désirs et tous les actes se présentant dans les mêmes conditions.

3. — La *socialité* est une forme d'énergie plus spécialisée (moins répandue dans la nature ou plus particulière selon la terminologie de Comte) que l'énergie vitale, mais qui n'en reste pas moins essentiellement dépendante de celle-ci (plus compliquée selon la même terminologie). La socialité s'exerce sur des phénomènes cérébraux — sensations, représentations, émotions, impulsions de toute sorte — qui portent la forte empreinte des expériences subjectives et particulières qui les firent surgir dans la conscience ; et elle tend à effacer cette empreinte, elle détermine ainsi un nouveau fait mental, l'idéation abstraite qui, à son tour, engendre la connaissance et, par là, la civilisation humaine tout entière. L'interaction psycho-physique (qui a pour objet le complexus représentatif-émotionnel) se développant peu à peu en interaction psychologique (qui a pour objet le complexus idéo-sentimental), — telle est la cause ultime des faits sociaux, des mœurs, des

coutumes, des institutions, des événements historiques.

Le sociologue n'étudie pas ces complexus psychiques, il laisse ce soin au psychologue. Et si, dans la phénoménalité psychologique il distingue entre l'interaction idéologique et l'interaction sentimentale en les faisant suivre toutes deux de leur conséquence nécessaire, l'action sociale, ce n'est pas pour opposer les idées pures aux sentiments et ceux-ci aux volontés, mais bien plutôt pour marquer le passage de la découverte première d'une connaissance à sa diffusion de plus en plus large et, par suite (l'expérience collective opérant sur un nombre accru de cas), à sa certitude et à sa domination de plus en plus grandes et assurées. Et c'est à ce dernier trait, au caractère plus obligatoire d'une connaissance répandue, distingué du caractère moins impératif d'une connaissance n'ayant pas encore pénétré (par l'enseignement, la propagande, l'exemple, etc.) l'âme des foules, que le sociologue rattache le phénomène sentimental, ou même réserve le nom de *sentiment*. Il veut dire par là que la diffusion de la connaissance est, après sa découverte, la seconde condition nécessaire pour que des actes sociaux et des séries d'actes se manifestent, des mœurs s'établissent, des coutumes se consolident, des événements historiques se produisent, — pour que surgisse, en un mot, tout ce que le sociologue étudie objectivement afin d'en trouver les causes intimes et les lois d'évolution.

4. — L'interaction psychophysique d'abord, psychologique ensuite (et toujours portant sur le contenu total des consciences, soit bio-individuelles, soit déjà socio-individuelles), en « socialisant » la pensée, rend possible ou plutôt nécessaire le passage du concret à l'abstrait, de l'effet toujours plus particulier et plus complexe à la cause toujours plus générale et plus simple. La recherche cognitive et la connaissance, en quoi se transmue le phénomène biologique et asocial de la conscience, n'ont pas d'autre origine.

5. — Les sensations, les perceptions, les représentations, les images concrètes et les réactions émotives et impulsives qui les accompagnent (tout le vaste domaine du *récept* opposé au domaine du *concept*), sont essentiellement de nature biologique, un produit de l'expérience isolée ou bio-individuelle, un phénomène d' « organisation ». Au contraire, les idées abstraites, génériques ou spécifiques, et les réactions sentimentales et volitives qu'elles engendrent à leur suite (tout le vaste domaine du *concept* opposé au domaine du *récept*), sont essentiellement de

nature sociale, un produit de l'expérience collective ou socio-individuelle, un phénomène de « socialisation ».

Le psychisme biologique (ou réceptif) a pour point de départ l'irritabilité, la sensibilité diffuse des cellules organiques et pour point culminant l'expérience et la conscience bio-individuelles. Le psychisme social (ou conceptif) a pour point de départ l'expérience du groupe social tout entier et pour point d'arrivée la connaissance socio-individuelle. A cet égard, l'expérience collective (qui, *in concreto*, s'accompagne du phénomène appelé conscience du groupe) se peut considérer comme le trait d'union, la transition naturelle entre le domaine de la vie ou de la conscience et celui de la socialité ou de la raison.

6. — L'interaction conscientielle, l'expérience collective, en se prolongeant indéfiniment (état social), découvre peu à peu, soit les similitudes profondes des choses, soit leurs dissimilitudes essentielles, — autant de germes d'idées génériques et spécifiques. Et c'est ainsi que, s'exerçant sur la pensée encore particulière et concrète et sur le mouvement qui l'extériorise (gestes, cris, etc.), elle fait surgir la pensée déjà plus ou moins générale et abstraite et donne naissance à la parole, au langage articulé qui exprime cette

pensée au dehors. Et c'est à l'aide de la parole (et plus tard de l'écriture) que l'interaction conscientielle produit encore ce phénomène que nous appelons tradition ou filiation historique et qui est essentiellement un phénomène de *conservation* et de *diffusion*, à travers le temps et l'espace, de la connaissance et de ses principaux dérivés sociaux.

7. — L'expérience multipliée et indéfiniment renouvelée par le contact permanent de consciences semblables fait donc surgir, du fond organique commun à tous les êtres vivants, le phénomène connu, analytiquement, sous le nom d'idées abstraites, de *concepts* (temps, espace, causalité, finalité, nécessité, identité, contrariété, etc.), et synthétiquement, sous celui de *raison*. La raison est ce que l'interaction des consciences apporte de nouveau ou ce qu'elle réalise, ce que de virtuel elle rend actuel dans l'évolution universelle des choses.

8. — La *conscience* est l'effet constant et nécessaire d'une cause appelée nature, monde ou univers. Il y a, entre la conscience et l'univers, l'effet et la cause, une corrélation et une correspondance étroites. Et la *connaissance* est l'effet constant et nécessaire d'une cause appelée « socialité » et qui est essentiellement une action régu-

lière et indéfiniment prolongée des consciences les unes sur les autres ou leur interpénétration persistante. Il y a, entre la connaissance et la socialité, l'effet et la cause, la même corrélation, correspondance ou identité de nature que celle qui existe et se manifeste entre la conscience et l'univers.

9. — La connaissance étant un rapport entre les consciences d'une même espèce vivante (comme la conscience est sans doute un rapport entre l'être vivant et le milieu qui l'environne), elle est aussi essentiellement variable (c'est-à-dire relativement certaine ou incertaine) que les termes du rapport qu'elle exprime. Elle change, elle se modifie, elle évolue d'une génération et d'une époque à une autre, en des limites que fixent momentanément les généralisations et les abstractions qui servent à éliminer le coefficient individuel ou subjectif de l'expérience.

10. — Avant de se transmuer en connaissance et de produire cet ensemble de faits que le savoir conditionne et qu'on nomme une civilisation, la « socialité » traverse une phase intermédiaire de développement qui a une importance extrême et à laquelle on peut donner le nom de *recherche cognitive*. Ce degré évolutif, ce processus préparatoire a été jusqu'ici presque toujours identifié

avec son résultat direct, la connaissance; mais on aurait pu tout aussi bien l'identifier avec sa cause immédiate, l'interpénétration des consciences. Quoi qu'il en soit, cette confusion a engendré, dans les théories métaphysiques de la connaissance, une foule de malentendus que le pragmatisme moderne s'empressa d'exploiter à son profit.

11. — De même que tout processus naturel (physique, chimique, biologique ou social) et les lois qui le gouvernent sont une seule et même chose considérée sous des aspects différents (plus ou moins abstraits), ce qui a permis de dire que les lois de la nature sont le propre effet des phénomènes, et non leur cause, — de même la recherche cognitive s'identifie avec les concepts et les rapports de concepts qu'elle élabore spontanément et dont la signification reste immuable dans tous les cas possibles de communication ou de transmission des expériences correspondantes. Ces concepts servent ainsi de critère, de mesure commune à toutes les grandeurs ou valeurs sociales, et leur ensemble qui porte le nom de normes ou lois de la raison, s'offre comme l'organe propre de cette fonction, l'expérience collective et socio-individuelle.

12. — L'analyse qui conduit aux idées générales et abstraites, aux concepts de l'esprit, présente

toujours, à ses débuts, un caractère hautement conjectural. Les abstractions, considérées comme autant d'éléments constitutifs des choses, sont d'abord de simples *hypothèses*. Contrôlées, vérifiées, elles deviennent la matière même ou l'objet du savoir réel. Mais restées non-vérifiées, ou confrontées aux faits avec hâte et d'une façon incomplète, elles forment la flore immense des entités verbales, des termes généraux vagues, des suppositions paresseuses, des hypothèses prématurément changées en dogmes qui encombrent les sciences commençantes et empiriques (et les ontologies théologiques et métaphysiques répondant si bien à l'idée qu'on doit se faire d'une philosophie non-constituée).

13. — Rien, dans les choses concrètes, n'est plus *expérimentalement réel* que leurs qualités, leurs rapports entre elles. Toutefois, nos expériences ébauchées, tronquées, inhabiles, superficielles, trop brèves, etc., se résolvent nécessairement en autant de généralisations, d'abstractions, de concepts qui possèdent exactement les mêmes défauts. L'idéation purement formelle se borne à travestir le concret en abstrait : c'est une simple transposition de la chose concrète (très superficiellement analysée) dans le langage nécessairement abstrait. Mais nous ne pouvons pas nous

passer de ces concepts plus ou moins défectueux et « subjectifs ». Ce sont des étapes qu'il nous faut franchir, des haltes momentanées sur la route qui conduit aux vérités de plus en plus compréhensives et profondes. Les abstractions dites verbales, fruits d'une expérience insuffisante, précèdent inévitablement, dans toutes les sciences, les abstractions de plus en plus réelles, produits d'une expérience plus parfaite et plus prolongée.

14. — Les concepts entachés de « verbalisme » ou plutôt de « subjectivisme » se laissent grouper en trois grandes classes : 1° les concepts déjà déchus ou qui ne servent plus à rien (par exemple, dans les sciences, les anciennes entités physiques réduites aujourd'hui au concept de mouvement ou d'énergie) ; 2° les concepts en voie de déchéance lente ou rapide, qui ne conservent leur raison d'être que par suite de la différence sensible des niveaux cognitifs, des étiages intellectuels à la même époque (en philosophie, l'entité divine séparée du concept équivalent d'univers, ou l'inconnaissable distingué de l'inconnu et, en général, toutes les négations surabstraites opposées aux affirmations corrélatives ; et dans les sciences, le concept de matière en physique, le concept d'affinité en chimie, le groupe déjà fortement entamé des entités biologiques et, enfin, les innombrables

entités sociologiques et psychologiques, la vérité, la liberté, la justice, la solidarité, le bien, le mal, le droit, le devoir, la vertu, le vice, la beauté, la laideur, l'âme, l'intelligence, le sentiment, la volonté, etc.); 3° les entités en voie de formation et d'accroissement de puissance, encore très utiles ou même indispensables, puisqu'elles nous rappellent constamment les imperfections des analyses multiples dont elles forment le résumé succinct (tels le concept d' « organisation ou de vie » dans les sciences biologiques, et le concept de « socialité » qui sert de fondement à l'autonomie des sciences du monde surorganique).

15. — Les relations réelles des choses que la science mûre ou constituée s'efforce uniquement de découvrir sont, par définition et dans leur intime essence, des concepts purs et ne sont que cela. Il s'ensuit que les réalités concrètes senties ou perçues sont des sommes de rapports, des faisceaux de concepts, et les réalités abstraites, pensées ou conçues, sont des rapports ou des concepts de plus en plus isolés.

16. — Le concret étant un faisceau d'abstractions, et l'expérience ne pouvant s'exercer directement que sur le concret, toute réduction expérimentale du concret à l'abstrait n'est qu'une résolution du phénomène plus concret en un phé-

nomène moins concret : et tel est, au fond, le vrai caractère de nos abstractions les plus hautes.

17. — La preuve par le concret, l'appel à l'expérience sensible, implique la preuve par l'abstrait, l'appel à la raison (la démonstration logique), et vice-versa. Les deux preuves sont inséparables et également nécessaires. Si on les disjoint d'une façon arbitraire, la preuve logique devient une logomachie stérile, et la preuve expérimentale un empirisme grossier.

18. — Comme tous nos autres concepts, celui de *causalité* (qui joue un rôle si proéminent dans tous les modes de la pensée sociale) est un produit de la recherche cognitive et, par suite, de l'interpénétration conscientielle, de l'expérience socialisée. On ne saurait le confondre avec la simple « consécution empirique » qui reste un phénomène biologique ou cérébral ne dépassant pas l'expérience bio-individuelle (une attente de la répétition du fait passé dans le présent suscitant une suite d'images semblables ou génériques.)

« Le fait social est le ferment qui, ajouté à l'expérience organique, la fait lever, pour ainsi dire, la transfigure, en fait jaillir cette chose nouvelle, le concept, l'idée générale et abstraite. La multiplicité indéfinie des expériences particulières qui se complètent et se corrigent sans cesse les unes par les autres (ou, en termes différents, la filiation historique, la tradition sociale), voilà ce qui donne à l'expérience bio-individuelle la durée et l'intensité qui lui permettent d'affirmer la *nécessité* et l'*universalité* d'une séquence (ou encore d'une analogie) quelconque. Et le rapport causal (l'explication du phénomène) n'est rien que cette affirmation d'origine surorganique venant soit renforcer, soit ébranler ou même détruire, comme illusoires et faux, certains constats d'origine organique. » (*Sociol. de l'Action*, p. 77.)

19. — L'*induction*, cette méthode fondamentale de toute recherche cognitive, est essentiellement une marche du concret (du particulier) à l'abstrait (au général). La *déduction*, par contre, n'est, comme la *finalité* par rapport à la *causalité*, qu'une induction renversée, une méthode de recherche auxiliaire et subordonnée. La déduction et la finalité ont, en outre, cela de commun, que toutes deux s'accroissent, se fortifient et deviennent de plus en plus prépondérantes à mesure que du premier mode de la pensée sociale on passe à ses modes dérivés (ou à mesure que de la science on passe à la philosophie, à l'art, à l'action pratique et utilitaire).

20. — L'étude du concret précède, dans l'ordre de la recherche, la connaissance de l'abstrait ;

mais la connaissance du concret suit, dans le même ordre, l'étude de l'abstrait. En d'autres termes, la science abstraite est toujours inductive et directement expérimentale (à ses débuts, elle est seulement empirique et descriptive); et la science concrète est toujours déductive et indirectement expérimentale (par l'entremise des sciences abstraites qui lui fournissent tous ses matériaux).

21. — L'idéation générale et abstraite qui crée la science, la philosophie, les religions, l'art et les diverses techniques présidant aux travaux sociaux, forme le point de départ et la base de toute civilisation. La généralisation et l'abstraction qui, seules, rendent possibles l'assimilation et la diffusion des connaissances, sont, en outre, par cela même, le vrai palladium des libertés publiques, l'ultime sauvegarde des masses populaires contre l'esprit accapareur et exclusif des minorités plus instruites.

Ce fait historique par excellence et dans lequel certains penseurs ont vu la propre marque de toute phénoménalité sociale, le véritable objet de la sociologie, le *progrès*, reste un mot vide de sens tant qu'il ne s'appuie pas sur une mentalité déjà capable, en une mesure quelconque, de raisonner, de généraliser, d'abstraire. Le progrès est toujours la résultante de l'action combinée de deux grandes lois de l'évolution collective : 1° la loi de précession sociale qui détermine le retard ou l'état plus arriéré de la philosophie d'une époque par rapport à sa science, de l'art par rapport à la philosophie et de l'action par rapport aux trois facteurs précédents (loi qui rend compte de l'hétérogénéité mentale du groupe collectif concret ou de sa division en élites dirigeantes et en masses dirigées) ; et 2° la loi de diffusion croissante des connaissances et, par suite, des philosophies, des arts et des techniques, loi qui tend à contrebalancer ou atténuer les effets dispersifs de la première (et à assurer ainsi le triomphe des revendications démocratiques).

22. — Les faits concrets d'évolution sociale, les faits *historiques* au sens large du terme, sont des faits très complexes, les plus complexes de tous, car ils offrent à la fois des aspects inorganiques (matériels, physico-chimiques), des aspects organiques (en tant que perçus par l'être vivant et remplissant sa conscience) et des aspects surorganiques (en tant que devenus, par l'expérience collective et les analyses qu'elle commande, objets de connaissance). L'histoire, à ce point de vue, embrasse l'univers et représente son état le plus concret. Mais la pensée sociale, usant de son mode analytique, désagrège ces ensembles de phénomènes dis-

parates. Elle commence par s'abstraire elle-même et nous laisse en présence soit de résidus cosmo-vitaux (les êtres organisés), soit de résidus cosmiques (la matière inerte). Elle étudie ces résidus de plus en plus analytiquement et jette les bases du savoir physique, chimique, biologique. Par là, comme le philosophe ancien qui démontrait le mouvement en marchant, elle se prouve à elle-même sa propre existence. Il ne lui reste plus qu'à saisir et à fixer dans une science *ad hoc* cette réalité ultime, c'est-à-dire qu'à appliquer à celle-ci les procédés d'abstraction et d'analyse qui lui réussirent si bien dans les autres domaines de la connaissance. Il ne lui reste plus, en un mot, qu'à se connaître elle-même, qu'à fonder la science spéciale de la raison, la sociologie.

Phénomènes physiques, chimiques, biologiques, sociologiques, voilà autant de grandeurs ou de valeurs différentielles dont les intégrales corrélatives se nomment : le fait physico-chimique ou cosmique (la matière en mouvement), le fait cosmo-vital (l'organisme vivant) et le fait cosmo-bio-social (le groupe humain dans son évolution historique). Considérée intégralement ou *in concreto*, toute connaissance est un fait de cette dernière classe; mais c'est précisément pour cela qu'envisagée différentiellement ou *in abstracto*, elle est un phénomène social, le phénomène social par excellence.

Aspect « surorganique » du « mouvement » universel, interaction des consciences, pensée sociale, expérience collective (sens passif), recherche collective (sens actif), voilà autant de synonymes marquant l'objet propre de la science fondamentale de la raison ou sociologie. Celle-ci étudie les causes de cet ensemble nouveau de phénomènes — la raison — dans leurs effets immédiats, les idées plus ou moins abstraites et les sentiments collectifs, les volontés communes qui en dérivent. Les lois des phénomènes sociaux sont essentiellement des lois idéologiques, et la sociologie peut se définir encore comme l'étude du mouvement idéologique ou des courants d'idées (et de sentiments, de volontés) qui sillonnent l'histoire.

23. — La loi scientifique ne vise jamais directement les faits concrets. Ceux-ci ne sauraient être des causes agissantes, ils ne sauraient évoluer, subir eux-mêmes ou provoquer le plus minime changement en d'autres faits concrets sans que se modifie ou se renouvelle leur propre constitution intime. La doctrine de la *genèse directe* des faits concrets est l'erreur capitale et inévitable de la connaissance à ses débuts. Dans tous les

domaines du savoir, l'interdépendance (ou *causalité réversible*) des faits concrets masque longtemps à notre vue la dépendance nécessaire (ou *causalité irréversible*) de leurs éléments constitutifs ou abstraits. C'est la période empirique dans le développement de toute science. Le passage plus ou moins délicat et laborieux du concret à l'abstrait, quand il évite les écueils cachés de l'abstraction verbale ou, du moins, quand il ne s'y attarde pas trop, ouvre la période de la science théorique, à la fois rationnelle et expérimentale.

24. — Dans les sciences du monde inorganique et dans les sciences de la vie les faits concrets (cosmiques ou cosmo-vitaux) ne sont jamais originairement des *idées* (des faits abstraits, des abstractions). C'est l'office des sciences de la nature extérieure de les transformer en faits psychologiques, en concepts et en lois. Dans les sciences du monde surorganique, au contraire, les faits concrets (déjà cosmo-bio-sociaux ou bio-sociaux) sont toujours, dès leur prime origine, *partiellement* des idées (des produits de l'interaction conscientielle). Et c'est l'office des sciences du monde surorganique (et plus particulièrement de la sociologie abstraite) de découvrir dans les actes et les séries d'actes où s'extériorisent les faits sociaux concrets, cet élément constitutif nouveau (le con-

cept ou la connaissance et ses effets sentimentaux et volitifs). On voit facilement, néanmoins, que dans les deux ordres de sciences, la marche de l'esprit reste la même : c'est toujours du concret que nous partons pour aboutir à l'abstrait. Et toute erreur, tout mécompte de la raison se ramène à une confusion du concret avec l'abstrait, confusion qui revêt deux formes principales : 1° le cas où, n'ayant pas réussi à décomposer le concret en ses éléments, on en fait néanmoins le point de départ de généralisations destinées, par suite, à rester empiriques ; et 2° le cas où l'on prend une composante pour une résultante et où on la traite en conséquence. On s'expose ainsi à distinguer des phénomènes identiques ou à identifier des phénomènes dissemblables.

25. — « La pensée bio-individuelle peut se définir comme une expérience *discontinue*, et la pensée sociale comme une expérience *continue*. Or, les termes : *donné* et *logique* reflètent la même différence entre le discontinu et le continu. L'agrégat concret ou discontinu est « donné », il n'est pas logique. Au contraire, sont « logiques » — tant qu'ils sont continus — le raisonnement, le jugement, l'abstraction, l'idée, qu'ils servent ou non de « données » à d'autres jugements et raisonnements remplissant, à leur tour, les mêmes con-

ditions. » Certes, des liens s'établissent entre ce que les psychologues appellent des jugements représentatifs (affirmations ou négations d'un rapport entre deux images concrètes ou semi-concrètes); et ces jugements s'associent, s'enchaînent entre eux, ce qui permet à la conscience de passer des uns aux autres. Mais ce processus relève de la seule expérience bio-individuelle (à laquelle, dans la plupart des cas, pourtant, s'ajoute déjà une expérience collective embryonnaire). Nous l'admirons chez les bêtes (ainsi que chez les vrais sauvages et les très jeunes enfants) sous le nom d'intelligence.

Le processus « logique » ou « rationnel » est d'une autre nature. Il établit des liens entre les jugements dits « conceptuels » (affirmations ou négations d'un rapport entre deux concepts au moins, le sujet et l'attribut); il joint et combine ces jugements et ces rapports entre eux, il permet à la raison de passer des uns aux autres. Comme les concepts et les jugements conceptuels sur lesquels il opère, il est un produit de la vie sociale, de l'expérience collective. Le raisonnement n'est logique que quand tous les termes de la série qu'il forme sont liés « nécessairement » entre eux, c'est-à-dire se suivent dans un ordre établi, constaté, vérifié par l'expérience commune, universelle. La raison et ses normes logiques (sévèrement distinguées de la conscience et de l'intelligence purement animales), voilà les seules vraies *filles de la cité*, ce fait concret où s'extériorise l'énergie sociale.

Mais dans la science aussi bien que dans la philosophie, dans l'art aussi bien que dans l'activité journalière et pratique, le phénomène rationnel ou logique porte un autre nom encore. Il s'y appelle *vérité*. La vérité est entièrement faite de suite dans les idées, de connexion entre les concepts, soit analytiques ou particuliers, soit synthétiques ou universels, soit syncrétiques ou esthétiques, soit pratiques ou finalistes. Aussi revêt-elle successivement ces quatre formes essentielles de la pensée sociale.

Et la vérité a ses degrés, tout comme l'abstraction qu'elle représente et l'expérience collective dont elle procède. A son degré supérieur, elle est « certitude », une connexion nette et claire, solidement établie par l'expérience commune entre telles ou telles idées soit particulières, soit universelles, entre tels ou tels types de beauté, entre tels ou tels actes ou séries d'actes. A son degré moyen, elle est « croyance », une connexion plutôt hypothétique et, en tous cas, moins frappante et plus obscure que la première. Enfin, à son degré inférieur, elle prend la forme caractéristique et particulièrement intéressante du « doute », ce qui signifie que la connexion visée n'est pas ou ne nous semble pas encore établie ; voilà pourquoi le doute est surtout l'apanage de la forme primordiale de l'expérience collective, ou l'antécédent immédiat et régulier de la seule connaissance. « Il ne sert de prologue ou de préface à la pensée philosophique que parce que et tant que celle-ci reste confondue avec la science ; et c'est pour les mêmes raisons — de différenciation insuffisante — qu'il devient tantôt le préambule de l'art et tantôt le prélude de l'action elle-même » (*note* 3).

La pensée sociale est l'unique source de toute vérité ; la pensée sociale, c'est-à-dire, l'interaction constante des consciences ou encore l'expérience collective qui en résulte et la résume. La vérité est à la fois l'effet inévitable et l'expression la plus catégorique et la plus opérante d'une telle expérience dont elle revêt tous les aspects différentiels. Parvenus à un certain degré de culture, les hommes distinguent entre la vérité scientifique, la vérité religieuse ou philosophique, la vérité esthétique et la vérité pratique (que les rationalistes subordonnent aux trois formes précédentes de la vérité et que les pragmatistes prennent pour sa forme originelle ou primaire).

26. — L'expérience collective ou socio-individuelle se confond avec l'expérience bio-individuelle. Elle est néanmoins quelque chose de plus que celle-ci. A son tour, la vérité se confond avec la réalité, qu'elle dépasse en règle générale. La réalité est ou devient un objet de conscience (sensations, représentations, etc.), et la vérité est ou devient un objet de connaissance (idées générales, concepts abstraits, etc.). Mais de même qu'il n'y a pas, dans le monde des choses concrètes, de *connaissance sans conscience*, il n'y a pas, dans le monde des choses abstraites, de *vérité sans réalité*.

La réalité perçue par la conscience et la vérité conçue par la raison ont un contenu identique : le monde, la nature, l'univers, la multiplicité des choses; ou, pour parler d'une façon plus précise, les propriétés (quantitatives aussi bien que qualitatives) en quoi se résolvent les choses. Or, les propriétés des choses sont toujours des relations, et même originellement des relations de causalité entre les choses, des rapports que l'intellect humain et aussi bien l'intelligence animale peuvent invertir, peuvent construire en rapports de finalité (cause, — moyen, — effet, — fin).

Mais tandis que l'animal perçoit ces rapports (sensations groupées en représentations, images concrètes) et en devient *conscient*, l'homme plongé dans le milieu social et subissant ses excitations diverses, l'homme transmué par la société en être raisonnable, peut, *en outre*, les concevoir (représentations généralisées, idées abstraites) ou les *connaître*. Au sein de l'humanité sociale, dans le monde de la raison, dans la nature surorganique, les propriétés des choses deviennent infailliblement des *concepts*, et les relations constantes entre ces concepts, découvertes et vérifiées par l'expérience collective, deviennent tout aussi nécessairement des *lois naturelles*.

CHAPITRE III

Les Concepts de la Raison.

Concepts de l'esprit et *lois de la nature*, tels sont, en définitive, les deux grands pivots sur lesquels roule le monde de la raison avec sa partie initiale et déterminante, la connaissance humaine. Toute théorie positive du savoir se laisse, en dernière instance, ramener à ces deux termes dont elle dévoile la genèse et dont elle décrit et explique la lente évolution. Logique et méthodologie n'ont qu'un seul but : aplanir, faciliter à l'intelligence le passage du *récept* au *concept*, ou, en d'autres termes, aider l'esprit à transformer la *réalité sensible* en *vérité conceptuelle*.

Cette dernière seule, soit comme simple concept, soit comme loi de la nature, est ordonnatrice et normative. Examinons-la donc tour à tour sous l'un et l'autre de ses deux aspects essentiels.

La « socialisation » de l'expérience — avons-nous dit — est la condition nécessaire et le fondement réel de toute connaissance. Les procédés généralisateurs et abstracteurs de l'esprit ne peuvent s'exercer que sur des expériences ayant une origine et un caractère nettement social. Toute distinction entre le « subjectif » ou le particulier et « l'objectif » ou le général se ramène à une différence de degré dans l'intensité ou la puissance du processus de socialisation.

Certes, les idées les plus abstraites plongent par leurs racines profondes dans les sensations et leurs combinaisons variées. Mais le même rapport ne se laisse-t-il pas établir entre les phénomènes vitaux et les processus chimiques, ou entre ceux-ci et les phénomènes physiques? Le phénomène social (l'expérience collective aboutissant à la formation des idées abstraites) n'est qu'une continuation et une transformation spécifique du phénomène vital (et, plus particulièrement, du phénomène psychophysique).

Ainsi que le dit très bien Ernst Mach, le rôle des concepts est « de nous conduire par les voies les plus commodes et les plus rapides (principe d'économie) à des représentations sensibles en parfait accord avec les sensations correspondantes ». A cet accord parfait nous donnons le nom de vérité, et c'est par ce moyen que nous atteignons la réalité intime des choses. La vérité dans ce sens est ce que le monde social ajoute à la sensibilité, comme celle-ci est ce que le monde de la vie ajoute aux propriétés physico-chimiques de l'univers.

Les abstractions sont les éléments — à la fois *constitutifs* et *déterminants* — des réalités concrètes. Voici, par exemple, un triangle concret A. Il est *constitué* par ses côtés a, b, c et ses angles y (compris entre a et b), z et x (adjacents à c). Côtés et angles sont sûrement des abstractions par rapport au triangle, et sans doute encore des réalités concrètes par rapport à leurs propres éléments constitutifs. Mais le triangle lui-même n'est-il pas *déterminé* aussi bien par ses côtés a et b et son angle y que par son côté c et ses angles z et x? Déterminé à ce point, que ses éléments c, z et x se peuvent déduire de ses éléments a, b et y, et vice-versa. Ou bien voici une masse gazeuse B; elle est constituée par ses éléments v (volume), p (pression) et t (température absolue). Mais son état n'est-il pas déterminé aussi bien par v et p que par v et t, en sorte qu'entre ces trois éléments il s'établit une équation qui permet de déduire l'une quelconque de ces grandeurs en fonction des deux autres? (*note 4*).

L'école néopositiviste est parfaitement d'accord

avec certains logiciens sur ce point, que « l'abstrait est un moyen de manipulation du concret », et que « concevoir est une forme algébrique d'imaginer ». Il est certain « qu'avec le concept abstrait nous nous épargnons une fatigue, une dépense cérébrale, un long détour mental, mais nous ne fécondons pas l'inimaginable ». Et dire « qu'il n'y a rien dans le concept qui n'existe dans l'image » — *nihil est in intellectu quod non prius fuerit in sensu,* — c'est proclamer une vérité élémentaire qui précisément constate la nature pareille des réalités concrètes et des réalités abstraites (*note* 5).

Le nominalisme affirmant l'inexistence des idées génériques aussi bien « en soi » que dans « l'esprit », le réalisme soutenant leur existence « en soi », enfin le conceptualisme ne leur accordant une existence réelle que dans ou pour « l'esprit seul », — voilà les trois postulats fondamentaux sur lesquels reposèrent et reposent encore aujourd'hui la plupart des théories métaphysiques de la connaissance, les doctrines essentiellement caractérisées par la confusion du mode analytique de la pensée sociale avec son mode synthétique.

Mais entrée dans sa phase scientifique de développement, devenue une section importante de la sociologie générale, la théorie moderne de la connaissance ne pouvait évidemment pas passer à côté de ces trois grandes hypothèses sans essayer de les vérifier d'une façon positive ou négative.

Le néo-positivisme n'a pas failli à cette tâche. Et voici, en deux mots, comment il a procédé.

Il s'est préoccupé avant tout de reconnaître la valeur scientifique des idées de « chose en soi » et « d'esprit » ou « d'intelligence » qui dominent et départagent les trois thèses rivales ; et ayant rangé ces idées dans la vaste classe des concepts semi-empiriques, des abstractions dites formelles ou verbales, produits d'une analyse superficielle et incomplète, il en a conclu au caractère nécessairement empirique et à l'immaturité au moins égale des théories correspondantes. Dès lors il ne pouvait plus s'agir pour lui d'une option quelconque entre les points de vue nominaliste, réaliste ou conceptualiste. Il s'épargna donc un effort qui, précisément parce qu'il portait sur un choix vain et sans objet, avait conduit les philosophes dans une impasse.

Ici, comme partout ailleurs dans le monde de la raison, l'erreur ou l'illogisme se dévoilait ainsi qu'une confusion involontaire ou inconsciente de la pensée concrète avec la pensée abstraite et vice-versa. Dans l'espèce, cette confusion était ridiculement puérile. Prétendre que la difficulté inhérente au réalisme consiste dans l'impossibilité d'admettre la réalité de ce qui est indéterminé, par exemple du *mouvement* qui n'est *aucun* mouvement, ni lent, ni rapide, ni continu, ni discontinu, etc., et prétendre encore que la même difficulté se retrouve dans le conceptualisme, car l'indéterminé ne peut pas plus être *représenté* dans l'esprit qu'il ne peut exister objectivement, — c'est abolir de bon cœur, c'est effacer *sponte sua* toute distinction entre l'image, réalité organique, et l'idée, réalité surorganique, ou entre le monde de la vie et le monde de la raison; et c'est descendre, sans y être forcé, *praeter necessitatem*, au rang des bêtes, des enfants en nourrice, de certains sauvages ou de nos ancêtres préhistoriques.

Certes, l'indéterminé ne peut pas être *représenté* dans le cerveau, ou pensé *bio-individuellement*; mais, en revanche, il peut être *conçu*, ou pensé *socio-individuellement*; et cela est si vrai, que l'indéterminé seul (ou encore le général opposé au particulier) peut devenir l'objet de la pensée abstraite. Au reste, dans le domaine de la pensée bio-individuelle aussi bien que dans celui de la pensée déjà socialisée, nous ne pouvons avoir affaire qu'au plus ou moins déterminé, qu'au plus ou moins concret, qu'au plus ou moins particulier; et c'est toujours au moins déterminé, au moins concret, au moins particulier que nous donnons le nom d'indéterminé, d'abstrait, de général; et la réciproque est également vraie (*note* 6).

Quoi qu'il en soit, les choses concrètes ou plutôt ce que nous appelons ainsi, les réalités complexes que toutes nos expériences, sans la moindre exception, ont directement pour objet et où prédomine la composante biologique, à savoir : nos images et nos réminiscences, — sont incontestablement, de par leur origine, des *faisceaux de sensations* conscientes ou inconscientes.

Mais, de même que les propriétés chimiques se transmuent, dans certaines conditions (on donne à l'ensemble de ces conditions nouvelles le nom d'énergie vitale), en propriétés organiques, de même les images, les faisceaux de sensations, se transmuent, dans certaines *autres* conditions (synthétisées sous le nom d'énergie sociale ou de socialité), en groupes d'idées, en *faisceaux d'abstractions*.

Nos images et nos représentations — et toute réalité concrète, l'univers entier n'est *pour nous* que cela — se peuvent donc justement définir :

des faisceaux virtuels d'abstractions (ou, si l'on aime mieux, des *connaissances* virtuelles). Plongés dans un milieu social humain, ces faisceaux *in posse* deviennent des faisceaux *in esse* ou *in actu*, et le savoir virtuel, en s'actualisant, fonde et fait fleurir les civilisations (*note* 7).

Génératrice d'idées sans cesse remaniées, épurées ou rectifiées par chaque époque successive, la pensée sociale ou l'expérience commune des hommes revêt, au cours de l'histoire de leurs civilisations, plusieurs formes fondamentales distinctes.

On catégorisa et classifia de bonne heure ces différents modes de l'expérience collective. On leur donna les noms devenus si populaires de science, de religion (et respectivement de philosophie), d'art et d'activité pratique. Mais on ne se douta guère que cette nomenclature épuisait toutes les espèces et toutes les variétés de faits sociaux sans la moindre exception. On se forma des idées singulièrement fausses sur les rapports qui relient entre elles aussi bien ces grandes divisions de l'expérience collective que les diverses classes de concepts qui leur ressortissent. Et l'on ne s'aperçut que fort tard — précisons, de nos jours seulement — que les modes les plus essentiels de la socialité et les groupes idéologiques correspondants pouvaient se ranger en un ordre que la pensée logique conçoit comme irréversible, c'est-à-dire comme une succession causale où chaque membre antécédent détermine et conditionne le membre suivant, sans que le rapport inverse puisse jamais se produire.

Ainsi donc, le monde surorganique, le monde de la raison qui fait partie de la nature au même titre que le monde des phénomènes non-rationnels, est rempli de concepts cognitifs (scientifiques), philosophiques (ou religieux), esthétiques et enfin pratiques. Ce qu'on appelle ici des « faits » (soit encore des événements et, à plus forte raison, des mœurs et des institutions), ce sont des « idées » réalisées ou en voie de se réaliser, des concepts cognitifs, philosophiques ou esthétiques devenus, par la force des choses ou conformément aux lois qui gouvernent leur évolution et déterminent l'époque de leur maturité, des concepts pratiques. Rien de plus, mais rien de moins aussi.

Toutefois, à cette classification de la matière première du savoir social doit immédiatement, sous peine de voir se produire d'inextricables malentendus, s'ajouter une nouvelle division, théoriquement et pratiquement au moins aussi importante que la première. Cette division est bipartite ; elle réunit tous les concepts dus à l'expérience — et il ne saurait y en avoir d'autres — en deux grandes classes.

Quel que soit le champ parcouru par la pensée, qu'il s'agisse de concepts scientifiques, philosophiques, esthétiques, pratiques, ou encore de leurs diverses variétés (les concepts dits moraux, juridiques, économiques, etc.), — il y a, d'un côté, les notions empiriques, les idées qui signalent les débuts, les premiers pas hésitants de toute recherche, concepts vagues, incertains, amphibologiques, très souvent illusoires, fallacieux ou entachés d'un verbalisme manifeste, produits hâtifs et prématurés d'une expérience superficielle et trop brève. Et il y a, d'autre part, se dégageant quelquefois par à-coups brusques de leur gangue empirique, mais, d'ordinaire, se formant avec une lenteur excessive et dans un ordre invariable, les notions théoriques, les idées appartenant aux sciences, aux philosophies, aux esthétiques et aux technologies mûres, les concepts de plus en plus clairs, précis, exacts.

Ceux-là sont rares et d'autant plus précieux. On en trouve un certain nombre dans les sciences du monde inorganique et un peu moins dans les sciences de la vie. Quant aux concepts de la première espèce, ils surabondent, ils pullulent en sociologie (et dans ses branches concrètes, telles que la psychologie) et, à plus forte raison, dans les deux domaines suivants et connexes de la pensée sociale : en philosophie et en esthétique. On a à peine besoin d'ajouter que la pensée pratique, l'action proprement dite reflète fidèlement ces divers états de choses. Et il s'entend de soi qu'entre ces deux extrêmes ou sur le chemin qui conduit de l'erreur à la vérité, il y a place pour tous les degrés, toutes les nuances intermédiaires.

L'abstraction peut être *semi-concrète*, se distinguant à peine de l'image générique, mais elle ne saurait jamais être *vide* au sens propre du terme. Quand on parle de la vacuité de certains concepts, on a en vue leur *maniement verbal*, et l'on veut dire simplement que ces concepts, pour une raison ou pour une autre, *fonctionnent à vide*. Cela leur arrive chaque fois qu'ils cessent de s'appuyer sur l'expérience, ou chaque fois que nous remplaçons l'analyse réelle des choses par une analyse de pure forme qui se contente de distribuer les faits étudiés en des groupes plus ou moins vastes, différenciés par des caractères peu importants, secondaires et extérieurs.

A ces groupes nécessairement mal délimités ou à ces sommes de caractères nécessairement fort vagues s'attache, comme une étiquette, tel ou tel nom générique qu'on érige ensuite abusivement en principe explicatif, en « cause » des faits correspondants. S'il faut se défier de certains concepts que nous légua le passé, c'est précisément parce que et dans la mesure même où il faut se défier de l'expérience trop souvent fourvoyée ou insuffisante des époques qui nous précédèrent.

Les concepts ne se déduisent pas les uns des autres d'une façon directe ou sans l'intervention préalable de nouvelles recherches et de nouvelles expériences. « Leur génération n'est féconde, dit très bien M. Rosny (*Le Pluralisme*, p. 127), que parce qu'elle est intimement liée à un continuel retour vers les choses ». Par suite, le chemin qui conduisit les hommes des images génériques aux abstractions de plus en plus hautes, fut long, difficile, signalé par d'éclatantes faillites de généralisations prématurées ou illusoires, parsemé, sur tout son parcours, de nombreuses crises de croissance subies par les concepts qui semblaient le mieux établis.

Citons, à ce propos, quelques erreurs topiques où s'enlisèrent de bonne heure les métaphysiciens de la connaissance. Certains concepts d'une généralité moyenne ou restreinte furent considérés, pendant de longs siècles, comme possédant un caractère universel (la naissance et la mort attribuées à tous les phénomènes indistinctement, les idées de but et de moyen, le finalisme étendu à la nature entière, etc.). D'autre part, on se persuada que le simple et le général (ce que nous définissons ainsi que l'élément commun à une classe d'objets et déterminant cette classe, voire tous les cas concrets qui y rentrent) pouvait précéder, sinon dans notre conscience, du moins dans notre connaissance, le complexe et le particulier; ou, en d'autres termes, que les concepts généraux, les abstractions des degrés supérieurs pouvaient se former dans l'esprit avant les concepts particuliers, les abstractions des degrés inférieurs. On crut fermement aussi que les réalités concrètes avaient une existence indépendante de leurs relations mutuelles (de leurs éléments abstraits). Enfin on alla même jusqu'à s'imaginer qu'à tout concept correspond une réalité concrète ou qu'il y a autant de choses que de concepts, ce qui peut se traduire par cette énormité logique et mathémathique, qu'il y a autant de combinaisons d'éléments que d'éléments. Et ce lourd héritage du passé est loin d'être liquidé à l'heure actuelle.

N'entend-on point affirmer de la façon la plus sérieuse qu'il existe des concepts « irréels », des concepts « qui ne recouvrent aucune image »? Ainsi, nous dit-on, le concept d'infini, par exemple,

« n'est qu'un mot pour signifier notre impuissance à assigner des limites, et il en est de même de l'idée d'une cause première... où le besoin de connaissance qui a inventé la notion de cause s'abolit en se niant ». On ne se rend pas compte que le concept d'infini appartient à la classe des idées génériques du plus haut ou suprême degré (les néopositivistes leur donnent le nom de « surabstraites »), qu'il est essentiellement une négation fausse du concept de fini, qu'en vérité il ne fait que réaffirmer ce dernier, en sorte que loin de témoigner d'une faiblesse quelconque de notre esprit, il constate, par une voie détournée, son pouvoir de poser des limites à toutes ses recherches. Et il en est de même de l'idée de cause première qui n'est qu'une négation apparente du concept de cause en général et qui, loin d'abolir notre soif de connaissance, l'exprime d'une façon particulièrement saisissante.

La classe d'idées auxquelles les néopositivistes ont donné le nom de « concepts surabstraits », a joué un rôle énorme dans le développement aussi bien de la science que de la philosophie. C'est par ce terme que nous remplaçons les vocables métaphysiques et vraiment trop vagues de formes de l'entendement, de catégories de la raison, etc. Nous voulons dire par là que l'analyse qui cherche les éléments, non pas d'un agrégat concret particulier, mais de tous les agrégats concrets (ou du plus grand nombre possible), atteint, en dernier lieu, certaines idées générales que l'esprit ne peut plus réduire ou dépasser (à un moment donné de l'évolution de nos connaissances). De tels concepts se reconnaissent à ce signe, que leurs négations ou leurs contraires sont toujours illusoires. Ce sont des concepts que notre savoir ne saurait faire rentrer dans une idée générique plus large (*note* 8).

CHAPITRE IV

Les Lois de l'Univers.

On a dit des « concepts » qu'ils sont de la science « potentielle », et des « lois de la nature » qu'elles rendent « explicites » ces connaissances « implicites ». On a dit aussi que les lois qui gouvernent l'univers sont « en nous » et seulement en nous. Mais ne sommes-nous pas nous-mêmes une fraction de l'univers, un effet d'une longue suite de causes situées en dehors de nous? Nous voilà forcés de conclure que les lois dont notre raison dote l'univers aussi bien que les concepts qu'elle tire de l'observation du monde existent dans les choses précisément parce que nous les « concevons » et dans la mesure même où nous les concevons.

On a affirmé encore que les lois naturelles, loin de constituer une connaissance de la nature, nous servaient simplement de moyen pour acquérir un tel savoir. Mais qu'est-ce qu'un moyen, sinon une cause ou l'une des causes de l'effet qu'on s'efforce d'obtenir?

Aussi, si une loi ne résout pas un cas donné, on change la loi, et non le cas, on cherche une autre cause du phénomène. Et on procède de la même manière pour les concepts — on les rectifie, on les épure — chaque fois qu'ils entrent en conflit avec les faits observés.

On a maintes fois cherché à donner une définition exacte de la loi naturelle. On y a vu un lien constant entre deux états du monde, l'un antérieur et l'autre postérieur (soit, par exemple, un état passé et un état présent, ou un état présent et un état futur); un lien qui reste toujours pareil, car s'il pouvait se modifier, la loi deviendrait sans objet, elle ne nous permettrait plus de conclure d'un état donné du monde à un autre état.

On a souvent encore défini la loi comme une réduction du particulier à l'universel, du composé au simple, et surtout du contingent au nécessaire. Mais l'opposition du contingent — ce qui peut être ou ne pas être — au nécessaire — ce qui est, sans plus, — se ramène elle-même au contraste de la conception confuse ou inadéquate des choses avec leur conception claire ou adéquate. Car le contingent, de même que le hasard, ne possèdent qu'une valeur subjective : ce sont là de simples illusions dont l'esprit se leurre tant qu'il ignore les vrais rapports des phénomènes. Le contingent est la mesure, le mètre d'une telle ignorance. Il semble donc qu'il faille s'en tenir à la première partie de la définition donnée plus haut : l'essence de la loi consiste dans le passage, opéré par l'esprit, du concret — toujours particulier et composé ou complexe — à l'abstrait — toujours général et élémentaire ou simple. Or, nous le savons, ce passage est si bien l'effet nécessaire et immédiat de l'interaction mentale ou de la « socialité », qu'on peut à bon droit le considérer comme le phénomène social par excellence.

Vere scire est per causas scire : per causas ou *per leges*, ces versions sont équivalentes. C'est l'abstrait, le rapport général et simple qui, dans les choses concrètes, ou dans les rapports particuliers et complexes qu'il représente, se découvre comme leur élément invariable et commun. Or, les rapports particuliers et complexes se suivent dans notre *conscience* (notion du « temps ») d'une façon plus ou moins rapide (la plus rapide de toutes s'appelle « coexistence » et fait surgir la notion « d'espace »), sans y persister, sans l'occuper d'une façon permanente. Au contraire, le rapport général et simple, constituant l'élément commun à une classe quelconque de rapports particuliers et complexes, une fois qu'il éclôt dans notre for intérieur (processus auquel nous donnons le nom de *connaissance*), s'y fixe pour longtemps, sinon pour toujours et y demeure tel quel en dépit des fluctuations incessantes des impressions que les choses font sur nous.

Constaté dans les phénomènes concrets qui précèdent immédiatement ou à travers une longue chaîne intermédiaire d'autres phénomènes concrets, le rapport général et simple qui relie les premiers aux seconds nous dévoile les *causes* soit immédiates, soit lointaines des faits étudiés. Et constaté dans les phénomènes concrets qui suivent d'autres phénomènes concrets, le même rapport nous dévoile les *effets* soit directs, soit indirects, des faits observés. La vieille thèse de l'identité foncière de la cause et de l'effet n'a point, en somme, d'autre fondement.

Certes, ainsi que nous l'avons dit ailleurs (*Sociologie de l'Action*, p. 66), « une séparation absolue entre la pensée abstraite et ses conditions organiques est aussi illusoire qu'une séparation absolue entre la vie et ses conditions physico-chimiques. L'abstrait n'est toujours que le moins concret, comme le concret, d'ailleurs, n'est que le moins abstrait ». Et si le concept, quand il n'est pas simplement verbal, et aussi bien la loi naturelle, quand elle n'est pas grossièrement empirique, nous servent à découvrir le fond intime des choses (ou le « comment » de leurs manifestations concrètes), c'est précisément en vertu de la relativité essentielle de toute recherche cognitive. Quand celle-ci affirme que « tout phénomène a une cause », elle constate simplement que « tout phénomène est l'un des termes d'une relation » qui peut s'établir ou s'établit, en vérité, soit entre les phénomènes concrets, soit entre les éléments abstraits auxquels l'analyse réduit ces phénomènes à mesure qu'elle les décompose.

Dans le premier cas, qui est celui du concept semi-abstrait ou de la loi empirique, la connaissance se satisfait de rapports plus ou moins vaguement observés jusque-là et qui lui paraissent probables dans l'avenir. Et dans le second, qui est celui du concept abstrait et de la loi théorique, elle formule des rapports de plus en plus invariables ou lui apparaissant comme logiquement nécessaires.

Disons deux mots d'une autre définition de la loi naturelle.

« Les lois de la nature, conclut le physicien Ernst Mach, sont originellement des restrictions d'abord assez vagues ou qualitatives, et ensuite de plus en plus exactes ou quantitatives, que nous prescrivons, guidés par l'expérience, à notre attente des phénomènes. » Au point de vue biologique, auquel se place volontiers Mach, cette définition est très défendable.

Mais au point de vue sociologique qui est le nôtre, la loi naturelle est essentiellement, comme les concepts d'où elle tire son origine, une limitation, par l'expérience déjà acquise, du champ des expériences futures et possibles.

Sans doute, comme l'observe pertinemment le même auteur, « les faits ne sont pas forcés de suivre nos pensées ; mais nos pensées, nos attentes se dirigent d'après d'autres pensées, notamment d'après les concepts que nous avons formés sur les faits. L'attente instinctive d'un fait a beaucoup de latitude. Mais supposons qu'un fait corresponde exactement à nos idées, à nos concepts simples ; alors notre attente, conforme à nos idées, sera, elle aussi, exactement déterminée. Une proposition scientifique n'a jamais que le sens hypothétique suivant : si le fait précédent A correspond exactement au concept M, le fait conséquent B correspondra exactement au concept N. » — Tout progrès scientifique tend à mouler de plus en plus étroitement nos concepts sur la réalité, et toute loi de la nature ne fait qu'exprimer cette intime corrélation (*note* 9).

Les concepts, ainsi que nous avons tâché de le montrer dans les chapitres précédents, sont autant de rapports entre les choses. (Mais ce terme vague de « chose », équivalent à celui de « phénomène », sert malheureusement encore à désigner aussi bien les agrégats concrets que leurs relations mutuelles). Autant de rapports, disons-nous, et notamment de rapports d'identité, ce qui signifie que les concepts représentent les éléments communs soit aux agrégats concrets, soit à leurs composantes déjà partiellement identifiées entre elles et ainsi de suite jusqu'à ce qu'on ait atteint une composante ou un élément qui résiste à toute analyse ultérieure (un géomètre aurait pu dire : jusqu'à ce qu'on soit arrivé au « point » qui figure graphiquement le concept « surabstrait »).

Mais, nous objectera-t-on, les lois naturelles sont, à leur tour, des rapports constants et nécessaires entre les choses et elles ne sont que cela.

Quelle différence y-a-t-il donc entre un concept de la raison et une loi de la nature?

Cette question mérite une réponse aussi catégorique que possible. Avouons-le donc en toute franchise, le concept et la loi ne sont, à nos yeux, que deux façons, commandées par des circonstances diverses ou des situations dissemblables de l'observateur par rapport aux phénomènes observés, pour désigner une seule et même chose. Un concept peut être adéquat ou inadéquat, verbal et mort-né ou réel et vivant : le rapport d'identité qu'il exprime, la loi dont il est la formule concentrée ou condensée sera, exactement dans la même mesure, vraie ou fausse, illusoire ou augmentant notre science de l'univers.

L'humanité est donc beaucoup plus riche en lois naturelles qu'on ne se l'imagine d'ordinaire.

Elle possède d'abord les concepts, ces lois solidifiées ou cristallisées, pour ainsi dire, uniterminales par leur forme bien plus que par leur fond, déjà tombées dans le domaine commun, faisant partie de l'instruction la plus élémentaire (sauf en ce qui touche les hautes abstractions, aussi inaccessibles aux intelligences peu cultivées que les principes abstrus des sciences). Ces concepts, lorsqu'ils sont adéquats, bien entendu, offrent un degré de certitude qui le plus souvent dépasse de beaucoup celui des lois les mieux établies.

Et elle possède ensuite les lois que les sciences spéciales n'auraient jamais pu ni découvrir, ni même soupçonner, si elles ne s'étaient appuyées sur les concepts de plus en plus abstraits et généraux (le temps, l'espace, le mouvement, la masse, l'évolution, la vie, l'interaction mentale, etc.), et aussi bien sur les concepts de moins en moins abstraits et de plus en plus particuliers, sur la foule innombrable des idées spécifiques.

Toutefois, nous ne confondons pas le concept et la loi. Il existe entre eux une différence qui, sans être essentielle, se laisse nettement saisir dans les comparaisons qu'on peut faire du concept adéquat avec la loi vraie, ou du concept inadéquat avec la loi fausse.

En effet, les procédés employés par l'expérience collective ou socio-individuelle soit pour former le concept, soit pour découvrir la loi — procédés dont l'ensemble se résume par les mots analyse, hypothèse, vérification, ou encore par les termes plus larges de généralisation et d'abstraction — nous apparaissent comme *implicites* dans le premier cas, et comme *explicites* dans le second. Il y a là, semble-t-il, la même différence que celle qui sépare un processus devenu, à force d'être répété, inconscient et quasi automatique, d'un processus resté conscient et volontaire.

Cela est si vrai, qu'on peut dire encore que le concept tend surtout à isoler (à abstraire) un rapport d'identité entre les choses concrètes (ou entre des rapports d'identité déjà établis, entre des concepts moins abstraits) sans se préoccuper du rapport de séquence ou de coexistence qui unit les faits; et qu'une loi tend surtout à grouper de telles abstractions de manière à clairement faire ressortir ce dernier rapport des choses entre elles.

En d'autres termes, le concept, dans ses combinaisons variées à l'infini, implique déjà la relation causale, le déterminisme universel des choses; et la loi, dans ses combinaisons qui nous paraissent dès lors plus difficiles à atteindre et moins variées ou nombreuses, rend explicite la causalité ou le déterminisme latent des concepts qu'elle rapproche et lie par ses formules, d'autant plus précieuses, elles aussi, qu'elles sont plus générales et plus abstraites. Ajoutons, ce qui est tout à fait conforme à la constatation précédente, que la loi est, à beaucoup de points de vue, un concept saisi dans le processus même qui le tire de plusieurs concepts déjà existants, un concept *in fieri*, tandis que le concept est, à beaucoup d'égards, une loi immobilisée, n'évoluant plus, ayant rempli son but ou accompli sa tâche. La plupart des lois scientifiques tendent à devenir des concepts; et certaines lois très générales jouent déjà manifestement, dans quelques cerveaux, ce rôle.

L'expérience collective forme un cercle dont un segment s'appelle *recherche* et se subdivise en recherche cognitive, philosophique et esthétique, et l'autre porte le nom d'*action* et s'éparpille en une multitude de « travaux » divers. L'analyse scientifique distingue ces deux phases d'une seule et même évolution, et l'activité pratique tend sans cesse à les confondre.

De même, la connaissance, cette manifestation primordiale de l'expérience collective et sans doute aussi cette cause immanente de toutes les transformations ultérieures de la pensée sociale, s'offre comme un circuit fermé dont une partie est constituée par le « concept de la raison » et l'autre par la « loi de la nature ». Ces deux parties se touchent par leurs extrémités et de la première on passe insensiblement à la seconde.

A ses débuts la connaissance humaine n'atteint guère que cette sorte de lois naturelles qu'on appelle des concepts. On l'a vu, il y a plus d'un siècle, pour les études biologiques, et nous en sommes témoins actuellement dans le domaine des recherches sociologiques.

Toutefois on aurait grand tort, à notre avis, de traiter avec dédain, ou de haut en bas, ces premiers pas de la science. Les concepts et les définitions de concepts auxquelles s'appliquent presque exclusivement les sciences commençantes, représentent, à beaucoup d'égards, le strict nécessaire, un minimum indispensable de ce qui évoluera plus tard et se développera en « lois naturelles », de ce qui deviendra un jour, non point, certes, le superflu, mais une richesse toujours croissante, un pouvoir sur les choses indéfiniment augmenté. On a justement assimilé, sous ce rapport, les concepts les plus habituels et les plus répandus à de merveilleux outils à penser, aussi irremplaçables que la hache, la pince ou le marteau ; et l'on a soutenu avec raison que la « loi naturelle » éveillait déjà l'idée d'une machine d'invention relativement récente, appropriée à des besoins de connaissance nouveaux, plus étendus et plus complexes. Mais entre l'outil et la machine il n'y a, en somme, qu'une différence de degré.

La pensée collective, surtout quand elle revêt la forme du jugement *syndoxique* (selon le terme employé par M. Baldwin dans sa *Logique expérimentale* pour désigner un jugement commun à beaucoup d'esprits et reconnu pour tel par ceux qui l'émettent), assimile entre elles les expériences bio-individuelles d'abord, les expériences socio-individuelles ensuite. Mais en opérant cette fusion ou en établissant cette égalité de niveau, la pensée collective assimile nécessairement entre elles les choses mêmes qui forment l'objet ou la matière de semblables expériences. Et c'est ainsi qu'elle engendre les concepts de la raison et découvre les lois de l'univers ou, en d'autres termes, qu'elle fonde la science, la philosophie, l'art, fonctions sociales par excellence lui permettant de « rationaliser » les divers courants d'activité individuelle et collective qui sillonnent l'histoire. A cette similitude, quand elle est ou nous semble parfaite, nous donnons le nom de *vérité* (et aussi bien celui de *moralité*, qui n'est qu'un synonyme populaire désignant la vérité strictement sociale).

On a souvent signalé la difficulté de passer de la conscience intérieure au monde externe et indépendant de cette conscience (difficulté qui se reproduit dans le passage de la conscience individuelle à d'autres consciences analogues); mais on n'a ni vu ni compris que cet obstacle prétendu infranchissable était régulièrement surmonté ou tourné par le processus cognitif, par l'idéation abstraite productrice de concepts de la raison et révélatrice de lois de la nature. On a discuté sans fin et d'une façon plutôt naïve sur la question de savoir si le « réel » était ou n'était pas une donnée immédiate de la conscience; mais on ne s'est guère douté qu'en posant le problème on l'avait déjà implicitement résolu, la réalité se présentant en cet ordre de recherches non seulement comme sensible ou même intelligible (point de vue biologique), mais encore comme concevable (point de vue social).

Il n'y a, cela s'entend de soi, rien de commun entre les vues néopositivistes sur le rôle et les limites de l'idéation abstraite et les subtilités transcendantes, les spécieux subterfuges qui singularisèrent à cet égard et contribuent encore aujourd'hui au fâcheux renom des écoles idéalistes.

Si le monde social forme une partie intégrante de la nature, et si ce qu'on appelle la raison constitue une transformation ultime de l'énergie cosmique, les lois de la socialité et les normes de la logique rentrent évidemment dans le cadre des lois de l'univers; toutefois, elles ne remplacent nullement ces dernières, elles ne s'y substituent en aucune façon. Voilà la thèse néopositiviste. Mais il y a loin de là à la périlleuse et si gratuite affirmation, selon laquelle « ce que la science de la nature appelle loi, le philosophe, d'un point de vue plus élevé, le nomme raison », ou encore selon laquelle « là où le naturaliste aperçoit l'énergie, le philosophe reconnaît une volonté ».

Ce n'est pas, du moins de prime abord, le philosophe, mais bien le sociologue — le théoricien de la connaissance — qui peut nous dévoiler les liens intimes unissant les lois de l'univers aux concepts de la raison; c'est lui seul qui peut nous découvrir leur genèse commune et nous faire justement apprécier leur évolution parallèle; c'est lui seul enfin qui peut nous mettre à même de reconnaître dans l'action humaine motivée par la raison (ou encore dans la pensée sociale avec toutes ses conséquences) une forme supérieure de l'énergie universelle (*note* 10).

Les lois naturelles, on le sait, expriment « ce qu'il y a de constant dans les manières d'être propres aux phénomènes ». Elles sont des conclusions tirées de l'expérience. Or, certains penseurs modernes nous présentent volontiers l'origine expérimentale des lois de la nature comme le point de départ d'une révolution grosse de conséquences dans notre façon de concevoir les rapports du savoir théorique et de l'action pratique. Emphatiquement ils nous déclarent : les lois, qu'elles soient physiques ou morales, sont des dépendances des phénomènes physiques ou moraux. En particulier, les mœurs sont indépendantes de la morale qui, au contraire, est une dépendance des mœurs.

Rien de plus banalement vrai, si l'on se place au point de vue de la recherche des lois, ou de l'expérience conduisant à la connaissance; et rien de moins exact si l'on se place au point de vue de

4.

la connaissance déjà acquise et prête à se traduire en faits correspondants. Ici les faits sont des dépendances manifestes du savoir corrélatif ou des lois que ce savoir a découvertes et enregistrées.

Et il n'y a là rien qui puisse choquer l'esprit ayant accepté la définition de la loi naturelle donnée plus haut. Affirmer que les phénomènes dépendent de leurs lois, n'est-ce pas affirmer, en somme, qu'ils ne dépendent que d'eux-mêmes? On aperçoit le caractère verbal des deux thèses prétendues contraires : les lois (ou nos connaissances) dépendent des phénomènes, et les phénomènes dépendent des lois (ou de nos connaissances). Dans les deux cas, les choses restent ce qu'elles sont. Ce qui change, c'est le point de vue de l'observateur qui tantôt se meut dans le plan primitif ou originel de l'interaction des esprits (de l'interpragmatisme pour ainsi dire), et tantôt, conduit par les faits eux-mêmes, passe nécessairement à un nouveau point de vue, celui de l'application pratique que toute connaissance entraîne à sa suite.

Les sociologues modernes sont coutumiers de l'erreur méthodologique à laquelle convient le nom de « biologisme ». Aussi voyons-nous certains d'entre eux professer que la morale est une dépendance à la fois des mœurs et de « l'état physiologique » qui produit les mœurs. A l'état physiologique ils se gardent pourtant de joindre « l'état social » et son premier résultat : la connaissance ou l'ignorance relatives, ce qui saperait leur thèse par sa base. Il est trop clair, en effet, qu'en soutenant que les mœurs sont indépendantes de la morale, on entend parler du savoir social empirique qui se borne à observer et à décrire les mœurs existantes ; et l'on n'a nullement en vue toutes nos autres classes de connaissances (le savoir physique, chimique, biologique) qui constituent, au même titre que les connaissances dites morales, des phénomènes sociaux et qui, précisément parce qu'elles modifient directement et puissamment les mœurs, modifient *eo ipso* leur connaissance empirique et tendent — des faits avérés le prouvent — à élever celle-ci au rang de science théorique et abstraite (la sociologie).

Dès lors, dans le domaine de l'expérience ou même de l'expérimentation sociales, il se forme deux courants distincts, quoique, d'habitude, convergents : 1° l'induction, la recherche, l'observation des nouveautés morales, leur comparaison avec les mœurs anciennes, en un mot, tout ce qui sert à enrichir la science abstraite; et 2° la déduction, l'application raisonnée des vérités acquises et la production de mœurs de plus en plus conformes à ces vérités. En une certaine mesure, ces deux courants n'ont jamais cessé d'exister. Mais le propre de toute haute culture est de renforcer le second courant, on est presque tenté de dire, de le créer, tout en maintenant l'intégrité et la force du premier. Cette tendance va s'accentuant sans cesse et une technologie sociale destinée à assurer le bonheur des hommes se fonde peu à peu (*note* 11).

Scrutant la notion de « loi », il serait messéant de passer sous silence l'apophtegme célèbre de Montesquieu : « Les lois sont les rapports nécessaires qui dérivent de la nature des choses ». Très longtemps cette brève formule fut tenue pour une vérité incontestable.

La métaphysique régnante s'en accommoda fort bien et le positivisme naissant, celui de Hume et de Kant, connu sous le nom de criticisme, comme celui, plus net et plus franc d'allures, de Saint-Simon et d'Auguste Comte, lui firent le meilleur accueil. Cependant ce trouble-fête de la sociologie et de la philosophie modernes, le néopositivisme, s'en mêla à son tour et vint gâter les choses. « Ne serait-ce pas plutôt la nature des phénomènes qui dérive des rapports nécessaires ou lois que l'esprit établit entre les phénomènes? » demanda-t-il insidieusement, s'attaquant d'une façon indirecte au point de vue criticiste, phénoméniste ou agnosticiste (que la nature des choses nous est inaccessible et reste à jamais inconnaissable).

On peut s'étonner à bon droit que l'inversion recommandée par les néopositivistes ne fut pas envisagée plus tôt par leurs prédécesseurs ou leurs adversaires. Tellement il semble manifeste que loin d'aller de la connaissance de la nature des choses à la connaissance de leurs lois, l'induction scientifique suit toujours la marche opposée. Il serait aussi absurde de partir de la nature des choses pour découvrir leurs lois encore inconnues, qu'il serait absurde de prétendre que le concept plus abstrait — le rapport entre des rapports — se forme dans l'esprit avant les concepts immédiatement moins abstraits qu'il unit entre eux (*note* 12).

La notion de « loi » implique celle du « déterminisme » général des choses, ce substitut moderne du vieux principe de « causalité ».

Mais la relation de cause à effet s'offre à nous sous deux aspects distincts. Elle est tantôt empirique, c'est-à-dire plus ou moins concrète encore, et tantôt foncièrement analytique ou abstraite.

La première, qui caractérise la loi empirique, ne rend pas la nature « intelligible », pour employer l'expression consacrée; elle est une succession régulière de phénomènes dont la liaison demeure à nos yeux obscure ou mystérieuse. Et la seconde non seulement nous dévoile, sous les faits qui se suivent d'une façon constante et régulière, les éléments abstraits qui les constituent, mais constate par surcroît l'identité fondamentale de ces éléments dans les faits antécédents et les faits conséquents.

Ici, le principe de causalité n'est rien d'autre que le principe d'identité appliqué au temps (le principe d'identité se laissant définir, à son tour, comme une relation causale qui ferait abstraction de toute idée de temps). Or, le principe d'identité est la forme essentielle de ce premier produit de l'interpénétration des consciences, la pensée analytique; et c'est de lui que dérivèrent plus tard, en strict accord avec les progrès de l'expérience, les principes d'inertie, de la conservation de la force, etc.

La pensée analytique décompose les choses et découvre leurs éléments communs. Les deux relations les plus constantes entre les éléments ainsi déterminés constituent soit la relation générale connue sous le nom de *substance*, soit la relation tout aussi générale appelée *causalité*.

Le premier rapport est caractérisé par la fixité des éléments communs réunis en un même point de l'espace ou du temps; et le second, selon la juste remarque de Mach, laisse plus de jeu aux variations de l'espace et surtout du temps (les mêmes éléments se laissant constater dans divers points séparés ou successifs de l'espace et du temps).

Ces deux grands types de relations persistantes (ou de permanences de relations) se réduisent ainsi à des dépendances mutuelles entre les éléments qui constituent soit les choses telles quelles, soit les choses antécédentes et les choses conséquentes.

Les sciences les plus parfaites, celles qui arrivent à caractériser les faits par des grandeurs mesurables, tendent, on le répète souvent aujourd'hui, à remplacer les concepts plus ou moins vagues ou imprécis de cause et d'effet par le concept plus exact ou positif de *fonction*. Dans les deux cas, toutefois, c'est au concept d'identité que se ramènent aussi bien le concept de causalité que le concept, qui s'y substitue, de fonction.

Mais les concepts de cause et d'effet sont-ils interchangeables, le rapport de cause à effet est-il réversible? Cette illusion a souvent hanté et hante encore l'esprit humain confondant volontiers la réversibilité du processus mental qui de l'effet remonte à la cause ou de la cause descend à l'effet, avec l'irréversibilité de la relation objective cause-effet.

Les partisans de la vue contraire prétendent cependant qu'il y a au moins un cas où la réversibilité se laisse constater: et c'est, disent-ils, lorsque dans deux phénomènes simultanés (ou bien encore se succédant d'une façon extra-rapide qui produit sur nous l'impression d'une coexistence) l'on considère la *même* relation causale répétée deux (ou *n*) fois; en un mot, lorsque, au lieu d'observer la causalité, on observe seulement sa répétition. Tel est le cas, constamment donné en exemple, de deux corps conducteurs de la chaleur qui se touchent et sont plus ou moins isolés des corps environnants. Ici, la variation de la température de l'un est la cause de la variation de la température de l'autre, et vice-versa.

Mais ce cas topique lui-même nous tend un piège que nous n'apercevons pas. Car la température et sa variation sont deux idées abstraites (deux éléments des choses) qu'on réunit en un seul bloc, dont on forme une notion déjà plus ou moins concrète; et, en outre, on fait intervenir, non pas le concept abstrait de corps en général, mais la condition, déjà beaucoup plus concrète, de *deux* corps *voisins*. Nous constatons ainsi par deux fois, et pour le corps A touchant le corps B, et pour le corps B touchant le corps A, la même relation causale, d'autant moins réversible *in abstracto* qu'elle l'est plus *in concreto*.

En d'autres termes, c'est l'identité générale (extra-spatiale ou extra-temporelle) de la cause et de l'effet ($a=b$, d'où $b=a$) qu'exemplifie le cas classique cité plus haut, et nullement la réversibilité des deux membres du rapport qui tendrait à constater leur identité spatiale et surtout temporelle (*note* 13).

La « causalité » et la « vérité » ont une origine commune, et elle est essentiellement sociale. Comprendre un fait, a-t-on dit, c'est le concevoir *sub specie necessitatis*. Or, toute connaissance établit un lien causal. Mais ne doit-on pas chercher le prototype de ce lien dans le rapport, le trait d'union qui s'établit entre une intelligence et toutes les autres intelligences, passées, présentes et même futures? Nécessaire est ce qui est constant, et rien ne saurait être plus constant que ce qui embrasse à la fois le passé, le présent et l'avenir.

Et d'autre part, la dualité logique : *cause-effet*, ne reflète-t-elle pas en quelque sorte la dualité sociale : *moi-autrui*? L'effet n'est effet que par rapport à l'effet qui le précède et qui s'appelle cause, et il devient lui-même cause par rapport à l'effet qui le suit. De même autrui n'est autrui que par rapport à l'autrui qui le considère et l'observe (et qui, dans cette situation, s'appelle *moi*), et il devient *moi* par rapport à l'autrui qu'il considère et observe à son tour.

Comment la simple consécution empirique que l'expérience bio-individuelle constate à chaque pas devient-elle une succession constante et nécessaire ; comment l'inférence par analogie purement psychophysique devient-elle une explication du fait postérieur par le fait antérieur ; comment enfin l'attente aléatoire, l'appréhension quasi-instinctive de l'animal et de l'homme inculte devient-elle la certitude rationnelle de l'homme civilisé ?

Ainsi que nous l'avons déjà indiqué (chap. II, thèse 18), seul, le fait social peut expliquer ces transformations. « Il est le ferment qui, ajouté à l'expérience organique, la fait lever, la transfigure, en fait jaillir cette chose nouvelle, le concept, l'idée générale et abstraite. La multiplicité indéfinie des expériences qui se complètent et se corrigent sans cesse les unes par les autres, voilà ce qui donne à l'expérience bio-individuelle la durée et l'intensité qui lui permettent d'affirmer la nécessité et l'universalité d'une séquence ou d'une analogie. »

Toute causalité est donc d'origine et de nature sociales. Mais dans ce vaste genre on doit pouvoir distinguer plus d'une espèce, et l'une d'elles, la causalité sociologique, nous intéresse dans ces pages d'une façon particulière. Disons-en quelques mots.

La causalité spécialement étudiée par le sociologue réside tout entière dans les idées, les sentiments et les volontés des groupes et des individus sociaux. Cette idéologie, cette sentimentalité et cet exercice de la volonté plongent par leurs racines dans les connaissances que les collectivités et les unités sociales ont acquises. Or, s'il est vrai que nos connaissances ne poursuivent qu'une seule fin : la découverte des lois de l'univers, on ne peut raisonnablement voir dans nos idées, nos sentiments et nos volontés autant de causes sociales qu'à une condition unique, à savoir : qu'idées, sentiments et volontés se substituent aux lois de l'univers en s'identifiant avec elles.

Ici trois cas distincts se peuvent présenter : 1° ou bien nous connaissons déjà ces lois et nous y conformons notre conduite (ce cas est celui de la liberté sociale); 2° ou bien nous les ignorons encore et nous nous y heurtons de mille façons absurdes (elles se vérifient et s'imposent à nous quand même en brisant notre résistance, — c'est le cas classique de la servitude sociale); 3° ou bien enfin nous les connaissons d'une façon théorique, mais nous n'y conformons pas pratiquement nos volontés et nos actes (ce cas rentre dans le cas précédent puisqu'il conduit aux mêmes conséquences; on peut le considérer comme une servitude méritée, et y voir la vraie caractéristique de toute responsabilité tant civile que criminelle).

CHAPITRE V

Conclusion.

Les énergies physique, chimique et organique apparaissent, aux yeux de la raison qui forme les concepts corrélatifs et les lie par des rapports appelés lois de la nature, comme des modes de l'énergie universelle, modes soit intransmuables (thèse du *pluralisme empirique et concret*), soit transformables les uns dans les autres (thèse du *monisme expérimental et abstrait* ou du *monisme logique*). Pour quel motif prégnant nous refuserions-nous d'ajouter à cette échelle de forces un dernier degré, l'énergie surorganique, la raison elle-même? Le spectateur ne ferait-il point partie du spectacle et l'expérimentateur de l'expérience? La conscience ne serait-elle point une part intégrante des forces organiques dont elle émerge? Comment, dès lors, ne pas vouloir assimiler la connaissance aux forces surorganiques qui la produisent et qui en font le phénomène social essentiel, celui dont dépendent la civilisation et l'histoire tout entière?

D'autre part, si les formes primordiales ou plus simples de l'énergie, si les forces « inconscientes » de l'univers déterminent constamment, dans les choses *concrètes*, d'innombrables modifications spontanées (ce que Spencer appelait des redistributions de matière et d'énergie), sans pour cela abolir ou modifier leurs essences abstraites, ou les concepts et les lois que les choses exemplifient et manifestent; si, disons-nous, on peut assigner un tel rôle aux forces inorganiques et à celles de la vie, comment ne pas l'accorder, au même titre et dans les mêmes limites, aux forces surorganiques synthétisées par le terme de raison? Dénier à la connaissance, à l'idée pure ce que l'on concède si largement et si volontiers au mouvement sous tous ses aspects, à la pesanteur, à la chaleur, à l'électricité, à la lumière, à la transsubstantiation chimique, à la sensibilité — autant de concepts de la raison, — n'est-ce pas là le plus étrange des illogismes?

Cette contradiction dans les termes ne saurait, à notre avis, s'expliquer que d'une seule façon, à savoir, que c'est par ses concepts et ses lois, en pensant les premiers et en se conformant aux secondes, que l'énergie surorganique modifie incessamment, à son tour, l'aspect concret de l'univers (*note* 14).

On a souvent cherché à distinguer ces deux types de connaissances : la science débutante, empirique, et la science adulte ou constituée, en attribuant à la première un invincible penchant à l'abstraction et en constatant chez la seconde la tendance directement opposée.

Mais rien n'est plus foncièrement faux qu'une telle vue. Plus une science se perfectionne, et plus elle devient abstraite, au sens strict du terme. Les concepts de la phase de début apparaissent, aux yeux de la science déjà mûre, comme des demi-abstractions, des ensembles encore confus et mal analysés de phénomènes. C'est là toute la différence qui se laisse constater entre la connaissance dite sensible et subjective et la connaissance dite conceptuelle et objective. L'expérience, y compris sa forme la plus parfaite, l'expérimentation, n'est que la grande route, la *via regia* qui conduit l'esprit aux plus hautes abstractions, en dépouillant peu à peu les concepts précédemment formés de leurs caractères sensibles et subjectifs.

On a souvent affirmé aussi que la révolution qui fit de la physique ancienne la physique moderne — la véritable science, ajoute-t-on, comme on dit d'une liberté politique nouvellement conquise : la véritable liberté, tandis que l'état précédent est considéré comme une privation de liberté — est due à l'emploi d'une méthode qu'on caractérise *grosso modo* de la manière suivante : laisser de côté les concepts généraux et ne considérer que les faits et les relations découvertes par l'expérience entre les faits.

Or, il ne faut pas être grand clerc pour comprendre que les anciens ne regardaient pas en l'air quand il s'agissait de voir ce qui se passait à leurs pieds et, vice-versa, ne fixaient pas leurs regards sur la terre lorsqu'il s'agissait d'observer les phénomènes du ciel. Ils n'eurent pas à laisser de côté les concepts généraux qui n'étaient pas encore formés, ni ceux qu'ils construisirent eux-mêmes à la suite d'une observation patiente des faits ; mais, en revanche, ils se débarrassèrent résolument d'une foule d'idées traditionnelles (ne fût-ce, par exemple, que de l'antique idée animiste selon laquelle l'âme ancestrale, conçue comme omniprésente, continuait à se manifester dans les êtres et les choses, ou bien encore de l'idée de divinités distinctes présidant aux diverses classes de phénomènes naturels).

De telles idées, en vertu de la confusion régnante de la science avec la philosoph et l'art, s'offraient pour la plupart comme des abstractions de nature mixte, des concepts à la fois syncrétiques et symboliques (esthétiques) et synthétiques et apodictiques (philosophiques), au lieu d'être purement analytiques et hypothétiques (scientifiques); des concepts, — donc autant de rapports entre les faits observés.

L'objection banale qui consiste à dire que l'expérience ne confirme pas ces rapports, est visiblement basée sur un grossier malentendu. Car de quelle expérience veut-on parler? De celle des époques disparues? Mais c'est elle précisément qui se retrouve intacte dans l'énorme amas d'abstractions auxquelles nous reprochons aujourd'hui leur caractère superficiel ou même incohérent. Et s'il s'agit de l'expérience accumulée, continuée, prolongée jusqu'à nos jours, quoi d'étonnant qu'elle infirme certaines relations entre les choses, établies sur des faits insuffisamment ou mal observés? D'habitude, la critique moderne se borne à ne pas trouver ces relations assez essentielles, assez générales, assez élémentaires, assez abstraites. Et cela non plus en physique seulement (où les vieilles idées directrices du sec et de l'humide, du chaud et du froid et la théorie des quatre éléments, par exemple, nous semblent si enfantines), mais aussi en sociologie ou en morale, où les relations découvertes entre les faits sociaux par l'expérience du passé et que celle-ci exprima à l'aide des concepts de bien et de mal, de l'utile, de l'intérêt, du plaisir et de la douleur, du juste et de l'injuste, de liberté, d'égalité, de responsabilité et ainsi de suite, nous apparaissent déjà comme nettement équivoques, s'arrêtant à la surface des choses, ne pénétrant pas leur intimité, séparant ce qui est identique et confondant ce qui est dissemblable.

En dépit du préjugé moderne si répandu qui les fait dater de Bacon et de Descartes, les procédés essentiels de recherche sont restés aujourd'hui ce qu'ils étaient du temps de Socrate et d'Aristote. Les appels pressants de Bacon en faveur d'un changement radical des voies ordinaires de l'exploration scientifique et les précieuses indications données à ce même propos par l'auteur du « Discours sur la méthode » furent, en réalité, bien moins une croisade contre les vieilles méthodes sanctionnées par l'immuable logique humaine, qu'une éloquente protestation contre la paresse mentale qui, pour des causes qu'il est inutile d'énumérer ici, s'était emparée des meilleurs cerveaux et les induisait à ne plus faire usage de leur propre expérience, mais à se reposer en toute chose sur l'autorité de maîtres reconnus. C'était aussi, à beaucoup d'égards, une levée de boucliers contre l'érudition minutieuse dont le savoir humain n'a pas tort de se parer, mais qui, par l'abus qu'on en fait, devient funeste à la science et retarde ses progrès : campagne que l'époque présente sera peut-être obligée bientôt de reprendre pour son propre compte !

Nous avons l'impression nette que l'antiquité et le moyen âge disputaient sur les mots bien plus que sur les choses. Or, malgré cette tare si apparente, le savoir positif ne cessa jamais de se développer lentement, d'évoluer selon ses lois particulières : *e pur si muove*. Et jamais il ne dépassa, quoiqu'on ait dit, les bornes précises de l'expérience de son temps; il resta souvent, au contraire, au-dessous des abstractions supérieures que cette expérience pouvait déjà lui faire atteindre. Dépasser l'expérience de son temps (y compris sa propre expérience socio-individuelle) est aussi impossible que de s'évader du monde ou de sortir de soi-même. C'est là une façon de parler qu'on doit juger pitoyable (*note* 15).

Qu'on y réfléchisse : une fois d'accord sur ce point, que toute réalité donnée se peut constater et saisir de deux façons, l'une dite sensible et subjective, et l'autre, conceptuelle et objective, nous voilà en présence des deux grandes phases traversées par l'évolution du savoir humain que nous pouvons dès lors définir comme le passage du concret, toujours particulier (sensible), jamais le même (subjectif), à l'abstrait, toujours général (conceptuel) et constamment le même (objectif).

L'esprit vulgaire, il est vrai, confond ces deux phases et va même jusqu'à attribuer la principale caractéristique de la première, la subjectivité, au contenu de la seconde, au général et à l'abstrait; et inversement, la principale caractéristique de la seconde, l'objectivité, au contenu de la première, au sensible et au concret. Mais n'agit-il pas ainsi par pure inertie cérébrale, pour s'épargner l'effort toujours pénible qu'exige la transition du concret à l'abstrait, ou l'acquêt d'une connaissance de plus en plus théorique?

Quoi qu'il en soit, la grande majorité des esprits se complaît encore à l'opposition banale de ce qu'on appelle dédaigneusement une spéculation sur les concepts avec ce qu'on exalte et glorifie sous le nom d'investigation objective des faits. On ne veut pas comprendre que la première est originellement et essentiellement une investigation objective, mais qui, pour des causes diverses, s'est arrêtée dans son développement (cela est si vrai qu'on la caractérise d'habitude comme une chose traditionnelle, comme un legs du passé); tandis que la seconde est nécessairement, par les fins qu'elle poursuit, une spéculation sur les concepts, mais qui commence seulement ou continue à évoluer, qui est en mouvement, en pleine marche, qui s'offre à nous comme quelque chose à la fois de nouveau et de vivant (*note* 16).

Dans les pages précédentes, nous avons essayé de faire ressortir la nature essentiellement identique du « concept de la raison » et de la « loi de l'univers ». Le concept et la loi sont des produits similaires de l'analyse à laquelle l'expérience collective (ou, en d'autres termes, l'interaction psychique) soumet tout d'abord les phénomènes concrets sur lesquels elle s'exerce. Cette analyse primordiale constitue ce que nous appelons notre connaissance des choses.

L'idée abstraite est un élément plus ou moins essentiel (degré d'abstraction), une qualité, une propriété qui se retrouve, toujours pareille à elle-même, en un nombre n d'ensembles concrets (degré de généralité). Et les propriétés des choses se dévoilent à notre esprit comme autant de rapports constants soit entre les choses concrètes, soit entre les relations de ces choses entre elles. Or, la loi naturelle qui souvent fut définie de la même façon, participe manifestement de l'essence du concept. Les différences qui existent entre le concept et la loi et que nous avons eu déjà l'occasion de signaler, semblent être d'un ordre secondaire ou dérivé. La principale de ces différences consiste en ce que les lois sont toujours des relations « causales » soit entre les choses concrètes elles-mêmes (la loi empirique), soit entre leurs éléments abstraits ou constitutifs (la loi théorique).

Personne ne doute aujourd'hui de la variabilité essentielle des concepts de la raison. Exprimés par des mots qui appartiennent au langage « conservant le souvenir des erreurs, des connaissances fausses de nos ancêtres », les concepts évoluent, ils changent de signification à mesure que d'un état du savoir nous passons à un autre état. Et c'est à quoi vise toute science exacte par ses classifications, ses définitions, le perfectionnement et la fixation (rarement ou jamais atteinte) de sa terminologie et surtout par la découverte, à la place d'une foule de menues généralisations empiriques, d'un nombre de plus en plus restreint de larges lois théoriques.

Or, on s'est demandé si ces dernières, qui nous sont données pour immuables, partagent le sort des concepts, si elles évoluent et se modifient à leur tour? N'y a-t-il pas une évidente contradiction dans les termes à affirmer, d'une part, l'immutabilité de la loi naturelle, et à supposer, de l'autre, qu'elle puisse un jour déchoir au rang d'une norme passagère de notre conception du monde? Si cette contradiction existait réellement, ne frapperait-elle pas du même coup le concept pur qui, lui aussi, est, par définition, un élément immuable dans les phénomènes?

Mais un tel illogisme n'est qu'apparent. Ce qui évolue et varie, ce n'est ni le contenu du concept une fois formé, ni le contenu de la loi naturelle une fois établie, mais bien la position occupée par l'observateur ou l'expérimentateur vis-à-vis de ce double contenu. L'illusion est ici sensiblement pareille à celle qui s'empare de nos sens lorsqu'un site quelconque nous semble changer d'aspect quand, pour l'observer, nous nous déplaçons nous-mêmes.

M. H. Poincaré qui a consacré au problème, à la fois troublant et si simple, de l'évolution des lois une étude des plus intéressantes, nous paraît l'avoir très bien compris lorsque, examinant les idées un peu confuses de M. Boutroux sur la contingence des lois de la nature, il arrive à cette conclusion : « Ainsi, il n'est pas une seule loi que nous puissions énoncer avec la certitude qu'elle a toujours été vraie dans le passé avec la même approximation qu'aujourd'hui, je dirai plus, avec la certitude qu'on ne pourra jamais démontrer qu'elle a été fausse autrefois. Et néanmoins, il n'y a là rien qui puisse empêcher le savant de garder sa foi au principe de l'immutabilité, puisqu'aucune loi ne pourra jamais descendre au rang de loi transitoire, que pour être remplacée par une autre loi plus générale et plus compréhensive; qu'elle ne devra même sa disgrâce qu'à l'avènement de cette loi nouvelle, de sorte qu'il n'y aura pas eu d'interrègne et que les principes resteront saufs; que ce sera par eux que se feront les changements et que ces révolutions même paraîtront en être une confirmation éclatante ». (*Scientia*, I-*IV*, 1911, p. 288.)

Le même auteur écrit encore à ce propos : « Si nous envisageons deux esprits semblables au nôtre observant l'univers à deux dates différentes, séparées par exemple par des millions d'années, chacun de ces esprits bâtira une science qui sera un système de lois déduites des faits observés. Il est probable que ces sciences seront très différentes et en ce sens on pourrait dire que les lois ont évolué. Mais quelque grand que soit l'écart, on pourra toujours concevoir une intelligence de même nature encore que la

CONCLUSION

nôtre, mais de portée beaucoup plus grande, ou appelée à une vie plus longue, qui sera capable de faire la synthèse et de réunir dans une formule unique, parfaitement cohérente, les deux formules fragmentaires et approchées auxquelles les deux chercheurs éphémères étaient parvenus dans le peu de temps dont ils disposaient. Pour elle, les lois n'auront pas changé, la science sera immuable, ce seront seulement les savants qui auront été imparfaitement informés ». (*Ibid.*, p. 291.)

Or, il se trouve que la « surintelligence » postulée par l'éminent mathématicien existe réellement et qu'elle a toujours existé. C'est le groupe social qui réalise ce miracle par la suite ininterrompue des individus sociaux qu'il forme et qu'il éduque. C'est lui qui à la fois rend la science immuable et éternellement changeante. L'observateur a la vue incomparablement plus longue que celle qui appartient aux chercheurs éphémères que nous sommes, mais c'est l'humanité socialisée et disposant d'une durée en tout cas encore indéfinie! (*note* 17).

APPENDICE

Énergétique et Sociologie[1].

I

« Les bases énergétiques de la science des civilisations » (*Die energetischen Grundlagen der Kulturwissenschaft*, Leipzig, 1909), tel est le titre d'un petit volume fort capable d'attirer et de retenir l'attention — aujourd'hui si dissipée ensuite de la surproduction « livresque » — des sociologues aussi bien que des philosophes. Et le plus grand éloge que l'on puisse faire de ce travail est sûrement de reconnaître que les idées qui y sont énoncées méritent ou exigent un examen approfondi.

Un mot d'abord sur l'auteur du livre. Wilhelm

---

[1]. Article paru dans la *Revue philosophique* dirigée par Th. Ribot (numéro de janvier 1910) et dont le sujet offre plus d'un point de contact avec les matières traitées dans ce volume.

Ostwald appartient à ce groupe de savants, les Mach, les Duhem, les Le Bon, les Poincaré, etc., qui, sans avoir révolutionné ou transformé de fond en comble la physique moderne, comme l'ont prétendu leurs admirateurs enthousiastes, ont néanmoins profondément modifié nos idées sur la vraie nature des concepts les plus anciens et les plus abstraits dans cette branche du savoir : la matière et la force. En outre, quelques-uns de ces physiciens, et surtout Ostwald et Mach qui se rattachent à la fois au positivisme de Comte et au criticisme de Kant (par l'intermédiaire de cette philosophie ou plutôt de cette « gnoséologie » hybride, l'empiriocriticisme remontant à Avenarius), ont émis maintes vues intéressantes sur des problèmes appartenant aux domaines connexes de la logique générale et de la méthodologie des sciences. A ce titre seul, on serait déjà disposé à admettre la compétence et l'autorité du physicien Ostwald dans la question qu'il vient traiter aujourd'hui, — des bases scientifiques de la sociologie.

On lui accordera volontiers aussi, sans y attacher autrement d'importance, qu'il est assez indifférent de donner à la nouvelle discipline le nom, devenu classique depuis Comte, de sociologie, ou celui, parfaitement équivalent, de science des civilisations humaines (*Kulturwissenschaft*). Car dans l'un comme dans l'autre cas, ce sont invariablement les résultats ou les produits de l'interaction psychique, de l'expérience collective, les civilisations, qui forment l'objet propre des études du sociologue.

Mais qu'est-ce que l'énergétique dont Ostwald prétend faire le point de départ et la base de la jeune science des sociétés?

On croyait fermement autrefois que la raison humaine et ses normes ou lois logiques étaient une chose, et que la physique, ou la chimie, ou la biologie, ou la sociologie et leurs lois en étaient une autre, toute différente. On s'imaginait, en d'autres termes, qu'entre la logique de l'esprit et la logique de la nature ou des faits naturels il existait une solution de continuité, il y avait une sorte de fossé infranchissable (théorie agnosticiste de l'univers). Aujourd'hui, on a déjà des doutes à ce sujet, et même plus que des doutes.

Aux yeux de quelques théoriciens de la connaissance et de quelques sociologues — et nous sommes de ce nombre — la logique et ses règles ou lois doivent être considérées comme le résultat le plus général des innombrables expériences, positives et négatives — celles-ci souvent plus précieuses et plus importantes que les premières,

— qui sont dues à la coopération ininterrompue, dans la suite des temps, d'agglomérats plus ou moins vastes d'esprits. Or, nous le savons depuis que tous les phénomènes réels purent être distribués en trois grandes classes (phénoménalité inorganique ou mécanique, phénoménalité organique ou vivante et phénoménalité surorganique ou rationnelle), nos expériences collectives (et, concrètement parlant, socio-individuelles) ne sauraient être que des expériences physiques, ou chimiques, ou biologiques, ou sociales; c'est-à-dire que des expériences se rattachant aux divers domaines abstraits du savoir et embrassant aussi bien tous ses domaines concrets, formés par la combinaison des phénomènes abstraits.

Mais s'il en est ainsi, ne sommes-nous pas forcés d'aboutir à cette conclusion : notre logique et ses lois représentent ce qu'il y a de commun (d'identique ou de paraissant tel à nos yeux) dans tous les grands domaines de l'expérience et du savoir que nous venons d'énumérer? Et ne serait-ce pas précisément parce qu'elle vise et dans la mesure où elle vise les caractères essentiels, les traits fondamentaux de toute connaissance, que la logique nous semble devoir rester toujours la même, qu'elle nous paraît soustraite à la variation et au changement? En réalité, comme tout autre fait naturel, la logique évolue, elle se développe et se transforme à travers les âges. Toute modification profonde, toute rectification essentielle des données de l'expérience ou des résultats généraux du savoir retentit et se fait sentir — que nous le remarquions ou non — dans le domaine de la logique qui nous semble clos à jamais et qui néanmoins reste toujours largement ouvert.

Expliquons-nous d'une façon aussi claire que possible. Certes, les lois de la pesanteur, de la chaleur, de la lumière, des combinaisons chimiques, de la vie, de l'interaction psychique (et, par suite, les lois de la logique) sont nécessairement conçues par l'esprit comme immuables en soi. Et pourtant l'esprit admet que nous ayons une expérience et une connaissance de ces lois qui va de zéro à l'infini. Notre expérience et notre connaissance augmentent sans cesse, s'enrichissent, se modifient, se transforment. Personne ne le conteste. Mais cela signifie que notre conception des lois de la nature se développe et change, elle aussi. Or, notre conception des lois naturelles et ces lois ne sont et ne peuvent jamais être — *pour nous* — qu'une seule et même chose. Et tout changement dans la forme, l'aspect, la portée du premier membre de l'équation suppose et entraîne avec lui un changement correspondant dans la forme, l'aspect, la portée du second membre. Nous *formulons* d'une façon différente, à diverses époques, les mêmes lois naturelles (le plus souvent en les ramenant à des lois de plus en plus générales).

Revenons à l'énergétique. Si nos expériences et nos connaissances physiques, chimiques et biologiques d'une part, si notre expérience de ces expériences et notre connaissance de ces connaissances (c'est-à-dire notre expérience sociale et notre savoir social ou rationnel) de l'autre, évoluent et se transforment, ce que nous appelons la logique (et par là nous entendons les lois communes à tous les domaines spéciaux de l'expérience et de la connaissance) évoluera et se transformera à son tour. Cette évolution sera sans doute moins marquée et plus lente que celle des lois spéciales à chaque domaine particulier de l'expérience et du savoir ; mais elle n'en subsistera pas moins et elle pourra également se faire constater et reconnaître.

La théorie énergétique est, à nos yeux, la preuve la plus récente des transformations que peut subir et subit en effet la logique. C'est un développement, un accroissement, un enrichissement et en même temps peut-être une nouvelle précision apportés à cette méthodologie générale qui s'étend à tous les domaines de l'expérience et du savoir, qui n'est ni exclusivement physique, ni spécialement chimique, biologique ou sociologique, mais bien universelle, s'appliquant à toutes les sciences indistinctement. Il est vrai que ce développement n'a pu se produire, que l'énergétique n'a pu se formuler comme théorie de la connaissance que grâce aux magnifiques progrès réalisés dans le champ le plus longuement fouillé, dans le domaine le plus avancé de l'expérience et du savoir : celui de la physique ou de la mécanique proprement dite. Mais n'en a-t-il pas également été ainsi quant aux formes les plus anciennes de la logique? Ne se sont-elles pas développées et épanouies au contact direct avec les premières expériences quantitatives et les plus précoces connaissances mathématiques?

Quoi qu'il en soit, l'énergétique — qui complète la logique vulgaire ou s'y ajoute beaucoup plus qu'elle ne la remplace — s'est très rapidement étendue, de la physique où elle germa et prit naissance, à toutes les autres catégories expérimentales, au savoir chimique, au savoir biologique et enfin au savoir social.

Les bases énergétiques de la sociologie sont donc, en vérité, les bases *logiques* de cette science, mais formulées en termes nouveaux dont la précision et l'exactitude, si on admet, dans l'espèce, ces qualités, dérivent principalement de la longue application des lois logiques ordinaires aux expériences et aux connaissances les plus simples.

Ainsi comprise, l'énergétique n'apparaît plus comme une transposition des lois particulières de la physique et de la chimie dans le domaine des faits sociaux, ou comme l'erreur de méthode à laquelle on peut donner le nom de *physico-chimisme*; ni comme une réduction des phénomènes sociaux concrets à leurs composantes biologiques, à l'exclusion de toute composante surorganique, ou comme l'erreur de méthode qu'on peut qualifier de *biologisme* : deux points de vue qui aboutissent également à la négation de toute autonomie des sciences de l'esprit humain.

L'énergétique ne rejette pas la spécificité du phénomène social ou rationnel; elle l'admet, au contraire, au même titre que la spécificité du phénomène vital, ou celle du phénomène chimique, ou celle des aspects variés de l'énergie physique. Mais, de même que la logique dont elle procède et qu'elle développe en lui donnant une forme quantitative nouvelle, l'énergétique affirme, en outre, que certaines lois très générales s'appliquent d'une façon uniforme et semblable à toutes ces grandes classes de faits.

Elle corrige ainsi les défauts inhérents aux

points de vue étroits et exclusifs du physico-chimisme et du biologisme. Elle fait ressortir ce que ces doctrines offrent de commun par rapport à la *connaissance en général*; et par là elle place l'esprit à un point de vue essentiellement *social*.

Plutôt que d'être une conception physico-chimique ou une conception biologique de l'immense domaine expérimental, l'énergétique serait donc, comme la logique elle-même et la théorie du savoir, une conception sociologique de toutes les sciences. Née d'une observation patiente du *fait social de la connaissance* là où ce fait avait atteint un maximum relatif de développement, dans la physique, la théorie énergétique ne tarda pas à s'étendre, en s'y vérifiant constamment, à tous les autres domaines du savoir, y compris les sciences sociales (auxquelles, d'ailleurs, elle emprunta son esprit téléologique et sa forme « économique »). Rien de plus naturel, puisque, même quand elle restait confinée dans la seule physique, il s'agissait pour elle non pas de la connaissance *spéciale* de l'énergie physique, ou de ce qui *différencie* ce mode de l'énergie universelle de tous les autres, mais bien de sa connaissance *générale*, ou de ce qui lui est commun avec les autres modes, avec l'énergie vitale et l'énergie surorganique ou sociale. Cela est si vrai que la terminologie énergétique — encore en voie de formation — a jusqu'ici emprunté ses principaux termes aux sciences sociales et surtout à l'économie politique (valeur, utilité, travail, etc.).

Des rapports de forces ou d'énergies, voilà l'unique contenu de tout savoir humain. Aussi le concept d'énergie remplace-t-il, dans la science moderne, celui de *substance* ou d'*être* qui forme, à vrai dire, son strict équivalent, puisqu'il servit toujours à exprimer l'attribut essentiel, la propriété capitale de toute énergie, le fait de subsister, de se conserver entière en dépit des nombreux changements de ses apparences externes.

En outre, si, d'une part, le concept d'énergie signifie autant que le concept de substance, de l'autre, il peut remplacer, et souvent avec avantage, dans toutes nos opérations logiques, le concept de *cause*, ou, pour parler comme Kant, la catégorie de causalité. En effet, il suffit de considérer l'énergie persistante comme la cause ultime de tout ce qui arrive dans l'univers, ou de toute phénoménalité, pour accepter aussitôt les lois de l'énergétique comme une expression nouvelle, un développement *sui generis* des lois de causalité.

Mais pourquoi cette nouveauté ou ce développement? Et en vertu de quelle ratiocination finaliste sommes-nous portés à lui accorder la préférence, à lui reconnaître une sorte de supériorité sur les formes et les termes logiques plus anciens et qui, au fond, nous rendaient les mêmes services? Car il ne suffit pas d'affirmer, avec Ostwald, que tout « phénomène et tout événement dans l'univers se peuvent exprimer en termes énergétiques », il faut encore se convaincre qu'il y a là un progrès de la connaissance, un pas vers la vision plus claire et plus nette des choses, un avantage d'abord simplement théorique, mais qui, tôt ou tard, devra nécessairement se convertir en un appréciable profit pratique.

Il faut rendre cette justice à Ostwald, qu'il a parfaitement aperçu la vraie nature du changement qu'il préconise : c'est un progrès *conceptuel*, un progrès logique par excellence. « Tous les représentants des anciennes vues, dit-il à ce sujet, ont constamment soutenu que la *matière* et la *force* formaient deux « entités » qui, quoique radicalement différentes, ne pouvaient jamais être rencontrées l'une sans l'autre : l'unité des choses apparaissait comme la résultante simultanée de ces deux composantes. Mais il y avait une imperfection manifeste dans la marche de la pensée qui, impuissante à séparer ces deux éléments, ne réussissait pas cependant à les fondre en un concept unique. C'est qu'on avait cru durant de longs siècles que la matière et la force n'avaient entre elles rien de commun. Le concept d'énergie vient aujourd'hui résoudre cette antinomie, solutionner ce vieux problème : car il convient aussi bien à l'idée de matière qu'à l'idée de force et il les renferme toutes deux. »

Ostwald remarque, à ce propos, que l'introduction du concept synthétique d'énergie dans tous les domaines de l'expérience et du savoir, loin d'y faire pénétrer une nouvelle entité métaphysique ou verbale, apparaît plutôt comme un progrès intellectuel des plus réguliers et assez pareil, en somme, à celui qui consista à réunir, par exemple, les notions particulières de lion, cheval, poisson, mouche, etc., dans l'idée unificatrice d'animal.

L'énergétique semble donc devoir être jugée et appréciée comme un progrès de la logique générale. C'est une nouvelle route ouverte et frayée par l'expérience et le savoir, route qui nous rapproche de l'unité universelle telle que nous l'avons toujours comprise et défendue dans nos ouvrages de philosophie première, c'est-à-dire comme un *monisme* purement *logique ou abstrait*. Malheureusement, ce trait distinctif de la doctrine n'est pas toujours assez accentué chez Ostwald qui le laisse volontiers dans l'ombre. Ceci fait naître involontairement, quoique peut-être injustement, le soupçon qu'il s'agit, dans la pensée de l'auteur, d'une unité ou d'une identité dite réelle et, en vérité, seulement *concrète*, des divers modes de l'énergie mondiale (monisme *transcendant*). Et cela suffit presque à faire surgir un autre doute : n'y aurait-il pas entre la logique ordinaire et l'énergétique conçue comme logique (c'est-à-dire étendue au champ total de l'expérience possible) la même différence que celle qui s'observe entre la bonne vieille géométrie d'Euclide à trois dimensions, par exemple, et les géométries imaginaires de Lobatchevsky et de quelques autres, à quatre, cinq ou n dimensions, apparues beaucoup plus tard et qui, si intéressantes et même lumineuses qu'elles soient, ne sauraient porter le moindre préjudice au rôle prééminent de leur devancière ?

Disons-le de suite : la tendance, sinon à confondre *in toto*, du moins à ne pas suffisamment séparer l'abstrait du concret — cette vieille survivance du passé scientifique et philosophique de l'humanité — forme chez Ostwald, comme chez la plupart des penseurs contemporains, le vice capital de leurs plus engageantes théories et de leurs plus subtils raisonnements, auxquels s'imprime ainsi l'ineffaçable sceau empirique.

Quand Ostwald, s'appuyant sur le schéma de Comte, nous décrit, par exemple, la haute pyramide du savoir humain, il ne néglige jamais de faire ressortir que les sciences supérieures, telle la sociologie, s'approprient naturellement toutes les idées directrices, tous les principes fondamentaux élaborés par les sciences inférieures. La conception énergétique des phénomènes qui est abstraite dans toutes les sciences (en physique aussi bien qu'en sociologie), se confond ainsi à ses yeux avec d'autres conceptions, également abstraites, mais d'un degré inférieur de généralité, et qui sont spécifiquement physiques, chimiques, biologiques ou sociologiques. L'étude abstraite des divers ordres de phénomènes ne tolère pas un tel procédé; leur étude concrète, au contraire, l'exige impérieusement; car elle est fondée sur la combinaison, plus ou moins étendue ou restreinte, de ces diverses classes de conceptions abstraites. Ainsi le fait biologique concret nous offre toujours ce qu'on pourrait appeler des prémisses physiques et chimiques, des données formant le point de départ de cette conclusion, le phénomène purement vital; et le fait social concret, le fait historique, se présente avec toutes ses prémisses physico-chimiques et biologiques, les données qui servent de support à cette autre conclusion, le phénomène purement social. Il n'y a donc pas lieu de s'étonner si Ostwald, qui ne se préoccupe guère de la frontière idéale séparant le phénomène abstrait du fait concret, tombe souvent dans la confusion des lois énergétiques qui gouvernent tous les ordres de phénomènes sans exception, avec les lois particulières, soit de la physique et de la chimie, soit — et c'est naturellement le cas le plus fréquent — de la biologie.

Ainsi, par exemple, malgré quelques jugements sévères à l'égard de l'école organiciste qui considère les sociétés humaines comme de véritables êtres vivants (qu'elle assimile surtout aux organismes inférieurs), il voit lui-même dans les deux grands principes biologiques, la spécialisation fonctionnelle et le consensus vital, deux formes identiques que les lois universelles de l'énergie revêtent tour à tour dans le domaine des faits vitaux et dans celui des faits sociaux. Or, s'il est indiscutable qu'on retrouve, dans les sociétés humaines, une division des travaux souvent poussée à l'extrême et une subordination ou une dépendance mutuelle de ces travaux qui rappelle d'une manière frappante le consensus vital, il ne semble pas moins certain que, dans le cas de la biologie, les deux principes en question se rangent dans l'*ordre abstrait des causes efficientes* d'une longue série d'événements organiques, et que, dans le cas de la sociologie, les faits correspondants appartiennent déjà à l'*ordre concret des effets* (ou des causes finales) produits par l'inévitable combinaison des facteurs ou des agents organiques avec les causes ou les facteurs purement sociaux. Mais, seul, l'empirisme qui fleurit aujourd'hui dans les études sociales, comme il a prévalu naguère dans les sciences les plus exactes et les plus avancées, peut prendre des causes finales, des effets concrets, pour des causes efficientes ou abstraites. Notre objection se vérifie, du reste, encore par là, que les deux grands principes dont nous parlons ne trouvent nullement à s'appliquer dans le vaste domaine des faits et des processus inorganiques, chimiques ou physiques, pourtant strictement soumis aux lois universelles qui régissent tous les aspects de l'énergie. Il semble donc qu'il aurait mieux valu conclure que, tout en s'offrant ainsi que des phénomènes spécifiquement biologiques, la séparation fonctionnelle et le consensus vital, quand on les étudie, quand on en fait l'objet du savoir humain, laissent, comme de raison, le champ entièrement libre aux lois générales de l'esprit, qui précisément gouvernent la connaissance (lois logiques ou lois énergétiques, il n'importe).

II

Passons maintenant à un examen rapide ou même à une simple énumération du très petit nombre de lois ou de principes universels que la nouvelle logique énergétique permet d'étendre à tous les ordres de phénomènes.

Première loi. — C'est, avant tout et à la base de tout le reste, la grande loi ou le principe essentiel de la *conservation de l'énergie* : rien ne disparaît *in toto* et rien ne s'ajoute *ex nihilo* dans l'univers ; mais les différents aspects de l'énergie se transmuent sans cesse et, d'ailleurs, toujours partiellement les uns dans les autres. Déjà pressentie et entrevue par les anciens logiciens sous la forme du *principe d'identité*, et par les vieilles métaphysiques (qui synthétisaient la science vague et imprécise de leur temps) sous celle du concept de la *persistance de l'être*, cette vérité est confirmée avec éclat et solidement établie aujourd'hui par d'innombrables expériences physiques, chimiques et biologiques. Or, l'aboutissement ultime de l'énergie mondiale, la socialité ou rationalité, la *raison du monde* (si l'on admet avec nous sa réalité objective), n'étant et ne pouvant être qu'une expérience opérée sur toutes ces expériences et qui vient s'y ajouter en les complétant (ou encore une connaissance de toutes ces connaissances), il est évident qu'elle ne saurait, à son tour, se soustraire à la grande loi qui régit son propre objet, son contenu nucléal, — tous les autres aspects de l'énergie sur lesquels elle s'exerce.

Deuxième loi. — Si l'ensemble ou la somme des divers aspects de l'énergie mondiale forme une quantité constante, invariable, tout ce qui arrive dans l'univers, tout ce qui y est, soit perçu, soit conçu par nous comme un « changement », se réduit à un passage d'un de ces aspects de l'énergie à un autre. Ces deux termes, *transformation de l'énergie* et *phénomène*, apparaissent donc comme des synonymes parfaits. Or, une loi d'un caractère universel régit le processus transformateur qui, en vérité, n'est pas autre chose que le *processus causal* conçu de la façon la plus générale possible, étendu à tous les ordres de phénomènes. Selon cette loi, une énergie donnée A ne se transforme jamais totalement en une autre énergie B ou en une série de plusieurs énergies : B, C, D, etc. (les logiciens parlent alors d'une *pluralité d'effets* dus à la même cause), mais un résidu de l'énergie A demeure constamment et s'offre comme non transformé (*persistance de la cause* dans le langage de la logique accoutumée).

Troisième loi. — L'énergie initiale A constitue nécessairement une quantité supérieure à l'énergie consécutive B (ou encore C, D, etc.) qui résulte de sa partie transformée. Le logicien exprime cette même loi naturelle, mais d'une façon beaucoup plus vague et générale, en disant que la cause embrasse toujours ou contient son effet (ou ses effets).

Quatrième loi. — Dans la terminologie énergétique, singulièrement teintée de téléologie, on donne à la cause initiale A le nom d'énergie brute (*Rohenergie*) et à l'effet consécutif B le nom d'énergie utile (*Nutzenergie*). Il se forme ainsi un rapport $\frac{A}{B}$ dans lequel A, la cause, contient toujours son effet B. Inverti, ce rapport devient la relation téléologique ou finaliste $\frac{B}{A}$ qui représente nécessairement une fraction, car B ne saurait être quantitativement supérieur à A. L'équation d'où se tirent aussi bien le rapport causal $\frac{A}{B}$ (formant l'objet propre de la connaissance pure) que le rapport finaliste $\frac{B}{A}$ formant l'objet propre de la connaissance appliquée qui, se servant du langage énergétique, lui donne le nom de rapport indiquant la valeur attachée par nous à la transformation envisagée (*Güteverhältniss*), cette équation, dis-je, se formule ainsi : $A = B$ (ou encore $B + C + D$, etc.) $+ A'$ (la partie de l'énergie primordiale restée non transformée). Un peu de réflexion suffit pour retrouver dans cette équation le fameux rapport d'identité auquel les logiciens attachèrent un si grand prix, mais qu'ils s'habituèrent de bonne heure à confondre avec le simple rapport de causalité $\frac{A}{B}$ ou, ce qui semble encore moins tolérable, avec le rapport de finalité $\frac{B}{A}$.

Cinquième loi. — De ce qui précède se dégage cette conclusion nécessaire : plus s'accroît notre connaissance des propriétés de A et de B, donc notre connaissance du rapport causal $\frac{A}{B}$, et plus augmente notre pouvoir de réaliser, au moyen d'inventions techniques appropriées, certaines conditions dans lesquelles la fraction $\frac{B}{A}$ (le rapport d'utilité par excellence) tend à se rapprocher de l'unité (sans toutefois jamais l'atteindre, ce qui est la vraie formule du progrès indéfini). C'est là encore une loi énergétique (ou logique) applicable à tous les domaines du savoir : à la mécanique, où l'invention d'un outil, d'une machine, augmente considérablement, dans la fraction $\frac{B}{A}$, la valeur du dénominateur B, aussi bien qu'à la sociologie où la découverte d'une règle morale, d'une norme juridique, etc., s'accompagne exactement des mêmes conséquences (le droit et l'organisation judiciaire, administrative et politique n'ayant pas d'autre but, comme le montre très bien Ostwald, que de conserver, de sauver, d' « économiser » l'énergie dépensée, sous le régime de la force brutale, dans la lutte des hommes les uns contre les autres, afin de la transformer, du moins en partie, en énergie productive d'œuvres de science, de philosophie, d'art ou d'industrie).

En somme, quand on se place au point de vue de la finalité qui, ainsi que nous le verrons plus loin, constitue un des traits les plus marquants qui sépare la raison humaine de l'intelligence animale, on doit reconnaître que ce que nous appelons le progrès consiste essentiellement en un effort couronné de succès tendant à accroître, dans le rapport finaliste $\frac{B}{A}$, la valeur relative de B.

Or, B étant évidemment égal à $\frac{B}{A}$ multiplié par A, nous avons dans cette formule l'équation fondamentale de toute civilisation, c'est-à-dire de l'objet propre, sinon même unique, de la sociologie. Nous pouvons dès lors affirmer que deux buts, deux causes finales parallèles animent les sociétés humaines, en y réveillant sans cesse et en y entretenant l'énergie ou, si l'on aime mieux, le mouvement surorganique, rationnel, et en s'opposant, autant que possible, à la pseudo-destruction, au retour de cette forme supérieure de l'énergie cosmique à ses formes inférieures (organiques et physico-chimiques).

Nous verrons plus tard quelle est l'origine de cette double orientation, ou quelle est la cause primordiale à laquelle doit s'attribuer l'apparition dans l'univers, à côté ou au-dessus des modes dits matériels de l'énergie, d'un mode nouveau et particulier auquel convient le nom d'énergie rationnelle, surorganique ou sociale. Bornons-nous, en attendant, à signaler la double finalité qui dérive de cette cause unique. C'est, en premier lieu, l'effort tendant à augmenter dans le monde la somme de A, de l'énergie initiale ou brute, effort qui se brise constamment contre la loi de conservation ou de pérennité et qui, par suite, ne peut atteindre qu'une portion minime de A (désignée par les physiciens — et pourquoi pas par les logiciens?

— sous le nom d'énergie disponible ou libre). Et c'est, en second lieu, l'effort encore plus important, car toujours plus heureux, qui vise à élever ou à majorer, pour ainsi dire, le rapport finaliste de valeur (*Güteverhältniss*), ou la fraction $\frac{B}{A}$.

Sixième loi. — L'accroissement — et respectivement la diminution — du rapport de valeur $\frac{B}{A}$ est, à son tour, régi par un principe de la plus haute généralité concevable, car il est aussi universel que les principes les mieux connus de la logique. Selon cette loi, pour qu'une transmutation d'énergie ait lieu, il ne suffit pas qu'une forme donnée d'énergie existe, qu'elle soit présente, mais il faut encore qu'une *différence* (que nous nommons un *degré d'intensité*), si insignifiante fût-elle, se laisse constater dans les manifestations concrètes de l'énergie donnée (c'est-à-dire, dans ses diverses combinaisons avec d'autres modes de l'énergie mondiale).

On peut soutenir, en ce sens, que chaque mode énergétique s'offre sous deux aspects : au *repos*, comme énergie *latente* qui n'est pas transformable en d'autres modes *sua sponte*; et en *action* ou en *mouvement*, comme énergie *libre* qui, seule, est transmuable, qui, seule, peut déterminer dans l'univers des changements quelconques (ou des événements). Or, pour que l'énergie revête ce second aspect, pour qu'elle se mobilise, pour qu'elle passe de l'état de repos à l'état de mouvement, sa différenciation concrète préalable est une condition nécessaire et qui jamais ne saurait s'omettre. A cette loi ou à ce principe universel on peut donner les noms, indifféremment, de *principe différentiel* ou de *loi d'intensité*. Dans le domaine de la mécanique pure, l'intensité se nomme vitesse, dans le domaine de la physique on la désigne, en outre, comme température, pression, tension, etc., dans celui de la chimie on la qualifie de poids atomique, en biologie elle s'indique tantôt comme assimilation et désassimilation et tantôt comme irritabilité ou sensibilité, en sociologie, enfin, elle devrait, du moins si l'on se rallie à notre thèse essentielle, porter le nom d'*intensité expérimentale ou cognitive*.

Septième loi. — L'énergie devenue mobile en vertu de la loi précédente, se transmue en d'autres modes énergétiques; mais cette transformation entraîne nécessairement avec soi ce qu'on peut appeler une *dissipation* ou une *consommation* (une dépense) d'énergie libre; par suite, la somme ou la quantité de celle-ci dans un ensemble donné, dans un système clos de forces, loin de s'accroître, ne peut que diminuer.

Tels sont les sept principaux « canons » de l'énergétique moderne. Ces lois s'appliquent-elles réellement à tous les ordres de phénomènes connus, se vérifient-elles dans tous les champs de l'expérience ouverts au savoir et à la raison des hommes? S'il en est ainsi, nul doute n'est possible : ces lois tombent sous la définition donnée, dans la théorie « sociologique » (et non plus « métaphysique ») du savoir, aux normes régulatrices, aux principes directeurs de toute expérience et de toute connaissance. Et l'énergétique devient un chapitre additionnel, un développement nouveau, une floraison moderne de la logique commune. Chapitre qui se distingue des autres par là seulement, que tandis que ceux-ci s'occupent surtout des problèmes soulevés par les catégories du temps et de l'espace (succession et coexistence), celui-là s'absorbe principalement dans les questions que suscite la catégorie de l'être (ou de la substance) conçu comme une série de modes divers de l'énergie universelle.

L'interprétation énergétique des faits physiques, chimiques et même biologiques est suffisamment connue pour qu'on s'y attarde aujourd'hui. Confiné dans ces limites, l'univers est un monde énergétique, ce qui veut dire qu'il se conçoit comme un fonds inépuisable — où rien ne se perd et rien ne se crée — des trois grands modes d'énergie reconnus comme tels jusqu'à présent : le mode physique, le mode chimique et le mode biologique. A ces modes s'appliquent, dans toute leur rigueur, les sept grandes lois exposées plus haut.

Mais ces lois sont-elles également valables pour le vaste ensemble de faits très variés et très complexes qu'on opposa aux faits dits matériels ou extérieurs : naguère sous le nom de faits dits immatériels ou intérieurs, et aujourd'hui (après que les concepts de matérialité et de non-matérialité, d'extériorité et d'intériorité eurent été expérimentalement et logiquement identifiés dans leur sens surabstrait ou « absolu ») sous le nom de faits rationnels, de faits finalistes, de faits de culture intellectuelle et morale, de faits de civilisation, ou, en un seul mot, de faits sociaux? (Inutile d'ajouter, je pense, que dans la conception moderne les faits intérieurs ou sociaux ne s'opposent plus aux faits extérieurs ou matériels, mais viennent se ranger immédiatement à leur suite et s'offrent comme leur prolongement ou leur continuation inévitable.)

En d'autres termes encore, les lois de l'énergétique se vérifient-elles dans le domaine de la sociologie aussi bien que dans ceux de la biologie, de la chimie et de la physique, gouvernent-elles le monde *social* comme elles gouvernent le monde *asocial*, sont-elles des lois réellement universelles, à l'action desquelles nulle « espèce » de savoir ne saurait jamais se soustraire et qui, par suite, s'affirment, dans le sens indiqué par nous, comme de véritables lois logiques? Et s'il en est ainsi, n'y a-t-il pas urgence, n'est-il pas manifestement nécessaire de compléter la série des trois grands modes de l'énergie mondiale déjà pleinement déterminés et classés en y ajoutant un quatrième mode, le mode surorganique, et en lui reconnaissant même rang et même qualification conceptuelle qu'aux modes précédents?

Nos lecteurs savent que cette dernière hypothèse a déjà été faite dans la science sociale où elle inspira une suite de théories dont l'ensemble forme le système sociologique que nous y défendons depuis plus d'un quart de siècle. Là n'est donc pas la nouveauté ou l'originalité de l'œuvre tentée aujourd'hui par le naturaliste Ostwald. Mais c'est son grand, son incontestable mérite (et, je le crois, un titre durable de gloire qui sera mis en plein jour par un avenir prochain) que d'avoir songé à étayer la même hypothèse sur l'énorme amas de faits commandés et expliqués, dans toutes les autres sciences, par les lois de l'énergétique; que d'avoir ainsi étendu l'action de ces lois aux faits

7.

sociaux en montrant que cette extension était non seulement inévitable, mais qu'elle devait conduire à l'admission d'un mode nouveau de l'énergie universelle, qu'elle s'offrait, en somme, comme la vérification expérimentale d'un tel postulat.

Une courte comparaison des deux efforts convergents — l'effort tenté par Ostwald et celui auquel nous nous sommes appliqués — ne sera peut-être pas inutile ici.

Sans nul doute, Ostwald s'est livré à de nombreuses observations sur les phénomènes qui se passent dans les divers milieux sociaux, et à une étude, à une analyse plus ou moins approfondie des principaux événements de l'histoire. Mais ces phénomènes et ces événements, il les a considérés à la lumière presque exclusive des lois de l'énergétique qui, ainsi que nous avons tâché de le démontrer, constituent un développement particulier et récent de la logique commune. Rien n'était plus régulier et plus juste.

Et d'autre part, on voudra bien sans doute nous faire le même crédit, on admettra que nous n'avons pas négligé, nous non plus, d'observer et d'analyser, dans la mesure de nos faibles moyens, le plus grand nombre possible de processus sociaux et de faits historiques. Mais ces processus et ces faits, nous les avons examinés à la seule lumière des principes et des lois de la logique générale. Nos réflexions et nos méditations n'avaient pas d'autre guide; et cela aussi était régulier et juste, — je ne pense pas, du moins, qu'on puisse nous en faire un reproche.

Or, qu'est-il arrivé? Partis de l'observation des mêmes faits, mais les ayant soumis à une analyse (et qui dit analyse, dit abstraction, voilà encore un point sur lequel nous nous accordons avec Ostwald) inspirée et commandée, chez l'un, par les lois de l'énergétique, et chez l'autre, par les normes de la logique ordinaire, nous avons abouti tous les deux aux mêmes résultats essentiels. Les voies que nous suivions semblaient, à première vue, devoir de plus en plus nous éloigner l'un de l'autre; en réalité, elles nous rapprochaient : car, quoique diverses, elles étaient convergentes. Et aujourd'hui que cette constatation peut être faite par tous ceux qui ont lu ou liront, d'une part, l'ouvrage si intéressant d'Ostwald, et de l'autre, nos modestes contributions à l'étude de la sociologie, on est en droit d'affirmer, croyons-nous, que certains points fondamentaux de nos théories respectives ont acquis, par suite de leur concordance finale, une valeur et une force de persuasion nouvelles et plus grandes.

II

Bien entendu, l'accord dont nous parlons n'est pas complet. Entre les deux conceptions du monde social, des caractères différentiels se laissent apercevoir, qui s'expliquent aussi bien par l'indépendance des enquêtes menées de part et d'autre, que par la différence des méthodes employées (logique énergétique et logique commune). Et nous allons immédiatement signaler les plus graves parmi ces points de divergence, pour passer ensuite aux points, beaucoup plus nombreux et importants, croyons-nous, sur lesquels une unité de vue quasi parfaite nous semble désormais exister.

Nous avons déjà dit quelques mots sur la confusion fréquente des points de vue abstrait et concret, ou sur le passage injustifié de l'un à l'autre, qui dépare, à notre sens, les raisonnements d'un grand nombre de penseurs et de savants contemporains. Or, c'est précisément à cette tendance si répandue que se rattache notre dissentiment le plus essentiel avec Ostwald. En effet, l'effort qui vise à étendre les lois énergétiques aux faits sociaux se heurte nécessairement à un obstacle, à une difficulté très sérieuse qui fut péniblement surmontée, à diverses époques, par les autres sciences, mais qui, aujourd'hui encore, est loin d'être vaincue en sociologie, où elle continue à fausser le jugement des philosophes aussi bien que celui des sociologues.

Et voici en quoi consiste cette difficulté. Les faits historiques, les faits sociaux concrets — les seuls que l'observation directe et l'expérimentation puissent atteindre, — étant des faits composés (cosmo-bio-sociaux), aucun doute ne surgit quant à la validité des lois énergétiques par rapport aux composantes physico-chimiques et biologiques de cette sorte de faits. Mais comment prouver que les mêmes lois touchent aussi la composante sociale de ces faits (si l'on admet avec nous son existence, car il est beaucoup plus simple de la nier)? Pour cela, ne faut-il pas avant tout faire bien ressortir les différences essentielles qui séparent les faits biologiques concrets (cosmo-vitaux) des faits sociaux concrets (cosmo-bio-sociaux), ne faut-il pas, en d'autres termes, tracer d'abord une frontière précise entre ces deux ordres de réalisations concrètes et parvenir ainsi à isoler l'élément abstrait qui les différencie? Et c'est de la sorte que, manifestement, veut procéder

Ostwald. Mais ici, il subit, à son tour, la suggestion commune, et, énumérant les divers modes abstraits de l'énergie universelle, il se laisse aller à intercaler, comme tant d'autres, parmi ces modes, entre le mode biologique et le mode social, le mode psychologique. Or, il semble évident que ces deux modes, le psychologique et le social, ne font que *se doubler*, pour ainsi dire, l'un l'autre. Il y en a un de trop. Ou le mode psychologique constitue seul le mode abstrait, le mode social n'étant qu'une de ses manifestations concrètes : et avec cette vieille croyance des hommes, nous glissons involontairement sur la pente qui conduit à l'idéalisme et même au spiritualisme. Ou *vice versa*, le mode social constitue seul le mode abstrait, le mode psychologique n'étant que sa principale expression ou sa plus simple extériorisation concrète : et avec cette vue récente qui ne tend à rien de moins qu'à renverser les termes de l'antique rapport entre le mental et le social — et aussi bien les termes du rapport qui lie la nature des choses à leurs lois — nous évitons l'illusion idéaliste, sans retomber pour cela ni dans le matérialisme naïf qui, comme chacun sait, arrête la série des modes de l'énergie universelle au mode chimique, ni dans le sensualisme plus avisé qui prolonge cette série jusqu'au mode biologique.

Ostwald, donc, semble augmenter — *praeter necessitatem* — le nombre des modes fondamentaux de l'existence ou de l'énergie universelle, modes qui, il ne faut pas l'oublier, sont des concepts de l'esprit, de pures abstractions (comme la matière, la force et l'énergie elle-même). Il introduit ainsi, dans sa série conceptuelle ou logique, une entité verbale (soit le mode psychologique, soit le mode social) à côté des abstractions réelles ou expérimentalement vérifiables. Ou bien il commet la faute équivalente d'admettre, dans sa série des modes énergétiques abstraits, en lui donnant même rang et même valeur, un mode composé ou concret d'énergie : derechef, soit le mode psychologique, soit le mode social, — et cela, sans aucunement nous apprendre lequel pour lui est abstrait, et lequel est concret. Nos lecteurs habituels savent que nous avons toujours soigneusement évité ce double écueil, en considérant le mode psychologique de l'énergie comme un mode concret, une combinaison particulière de deux modes abstraits, le mode vital et le mode social. Le mode psychologique est pour nous un mode *bio-social* qui prend place parmi les autres grands modes concrets de l'existence universelle, le mode physico-chimique (matérialité inorganique), le mode cosmo-biologique (matérialité organique) et le mode cosmo-bio-social (matérialité surorganique ou historique).

Un second dissentiment théorique assez important nous sépare d'Ostwald; dissentiment qui nous semble dériver de la même source, de la position équivoque ou ambiguë occupée par le physicien allemand dans la question du facteur psychique. Ostwald soutient, en effet, qu'un certain degré de civilisation a pu être atteint et a probablement été atteint par l'humanité à l'aide de ses seules forces cérébrales, sans ou plutôt avant l'intervention d'un processus quelconque de « socialisation » (*Vergesellschaftungsvorgang*). Mais si l'on se place à notre point de vue, il y a là, ou un illogisme, l'affirmation d'un effet qui n'aurait pas de cause, ou une confusion terminologique des plus regrettables; car ce que Ostwald désigne ici comme un « degré inférieur de civilisation » constitue un état psychique qui ne dépasse pas sensiblement l'étiage intellectuel auquel parviennent la plupart des animaux supérieurs. Certes, nous sommes loin de nier que la qualité des éléments cérébraux subissant le processus de « socialisation » exerce sur les résultats de ce processus une influence énorme. On peut s'en assurer par l'exemple des sociétés animales où la basse cérébralité des abeilles, des fourmis, etc., empêche l'interaction psychique (fonctionnant, pour ainsi dire, à vide, comme une meule qui ne rencontrerait pas de grain résistant) de tirer de cette cérébralité des idées tant soit peu abstraites, de l'enrichir de connaissances tant soit peu générales, — en un mot, de jeter les bases d'un état de choses qui, loin de rester à jamais immuable, change et se transforme sans cesse.

A cet état social fluctuant et mobile — dans le sens téléologique du progrès ou de la régression — convient seul le nom de *civilisation*. Mais celle-ci, quoi qu'en puisse penser Ostwald et toute l'école des psychologues, ne saurait jamais être fonction de ce facteur unique : une cérébralité puissante. Il faut encore que cette cérébralité ait subi la trituration prolongée et efficace du facteur social, de l'interaction des consciences ou des esprits. Convenablement généralisée, d'ailleurs, cette *interaction du même*, au point de vue énergétique auquel se place Ostwald, se découvre précisément comme la condition fondamentale qui détermine toute transformation de l'énergie, tout passage d'un mode énergétique à un autre. Attribuer ce passage à des différences de degré d'intensité de l'énergie (loi d'intensité d'Ostwald) signifie manifestement autant que l'attribuer au contact et à l'action réciproques (dans telles ou telles combinaisons particulières) de sommes ou de quantités discrètes d'énergie.

IV

Indiquons maintenant les similitudes essentielles des deux doctrines sociologiques, les thèses fondamentales qu'elles défendent en commun.

L'une des préoccupations constantes d'Ostwald est de tracer entre l'animalité et l'humanité (entre l'intelligence des animaux et la raison des hommes, pourrait-on dire encore) une ligne-frontière nette et bien tranchée. Cette délimitation lui paraît nécessaire pour asseoir sur une base expérimentale solide sa thèse d'une modalité *sociale* de l'énergie venant se joindre, en les compliquant, à ses autres modalités; ou pour prouver que la civilisation et tout ce que ce mot renferme et sous-entend est un fait appartenant à l'évolution mondiale, un fait où s'exemplifie la transformation du mode organique de l'énergie en un mode nouveau et, dans certains sens, supérieur. Or j'ai à peine besoin de rappeler à mes lecteurs habituels que le même souci, déterminé par les mêmes motifs, marque de nombreuses pages de mes écrits. Et la solution à laquelle aboutit Ostwald ne diffère de celle à laquelle j'étais arrivé que par la forme ou la terminologie énergétique employée par l'auteur.

Ce n'est pas par des qualités physiques ou organiques au sens propre du mot, dit Ostwald, que l'humanité s'éleva au-dessus des autres espèces vivantes. Sous ce rapport, rien ne différencie radicalement l'homme des types zoologiques supérieurs. Tandis que la plante transmue d'une façon immédiate l'énergie libre des rayons solaires en énergie bio-chimique et donne ainsi naissance à la vie sur le globe, l'animal (y compris l'espèce humaine) ne peut le faire que par l'entremise des plantes ou des animaux qui s'en assimilèrent la substance. Se nourrir et se reproduire sont les deux fonctions primordiales qui caractérisent tout organisme et qui constituent la besogne ou le travail quasi exclusif auquel se livre la nature vivante. C'est la double « poussée élémentaire » qui des formes les plus pauvres et les plus simples de la vie conduit sans interruption à ses formes les plus riches et les plus complexes et qui, par suite, se retrouve au fond de toute phénoménalité concrète (ou de toute activité) à laquelle la vie organique prend la moindre part. D'ailleurs, selon une juste remarque d'Ostwald, si la nutrition et la reproduction, en transmuant l'énergie mondiale libre et en la fixant comme énergie organique, assurent l'existence, toujours précaire et momentanée, de l'individu, et celle, plus certaine et indéfiniment prolongée, de l'espèce, ces deux fonctions ne réussissent néanmoins à maintenir le niveau vital à une hauteur moyenne qu'en s'aidant d'un troisième processus biologique tout aussi essentiel : l'accumulation de l'énergie libre à l'intérieur de l'organisme ou à sa portée extérieure immédiate, la formation d'une réserve plus ou moins grande — d'un véritable capital — de matériaux nutritifs.

Une suprématie biologique quelconque de l'homme sur les autres êtres vivants n'aurait pu se ramener, en dernier lieu, qu'à une supériorité marquée dans l'accomplissement des trois fonctions organiques que nous venons de signaler. Cela signifierait, tout au plus, que l'homme a mieux employé, pour sa nourriture, l'énergie chimique tirée du milieu ambiant, qu'il a amassé ou capitalisé des réserves énergétiques plus considérables, qu'il s'est reproduit, en conséquence, avec une facilité plus grande, ce qui lui a permis de répandre sa race sur la surface entière du globe. Mais voilà tout. Constate-t-on chez l'homme une avance biologique réelle par rapport aux fonctions élémentaires de la vie? En règle générale, l'organisme humain ne dépasse pas à cet égard les espèces animales les mieux douées. Et quand il semble le faire, il n'est pas difficile de prouver qu'il s'agit là d'une sorte d'illusion de la vue mentale, due à l'inextricable enchevêtrement, dans la réalité empirique, de l'abstrait et du concret; ou, en d'autres termes, que nous prolongeons involontairement la série des phénomènes vitaux jusqu'à lui faire comprendre une série de phénomènes nouvelle et qui, quoique dépendante ou même issue de la série biologique (comme celle-ci est issue de la série chimique et ainsi de suite), ne saurait pourtant s'identifier avec la transformation préalable et purement vitale de l'énergie.

Voici, d'ailleurs, ce que nous déclare à ce sujet Ostwald. Tandis que tout organisme vivant se borne à transformer en énergie *bio-chimique*, d'une façon directe, comme la plante, ou d'une façon indirecte, comme l'animal, l'énergie libre (physique ou chimique) empruntée au milieu ambiant, l'homme parvenu à l'état social ou l'homme tant soit peu cultivé acquiert et exerce, *en outre*, la faculté — qui, théoriquement, n'a pas de limites — de transmuer n'importe quel mode d'énergie en n'importe quel autre. Autrement dit, tandis que l'individu animal ou l'individu végétal ne disposent que de la somme minime d'énergie représentée par leurs organismes respectifs, l'individu social étend sa maîtrise et sa domination sur toutes les formes et sur toutes les quantités d'énergie qui se laissent constater dans l'univers et qui sont transmuables en d'autres formes et en d'autres quantités.

Il oppose ainsi à l'action, si souvent destructrice, du milieu environnant une résistance dont la vie organique n'offre aucun exemple. Et de son contact répété avec ce milieu il résulte une série de phénomènes qui n'ont pas d'analogie, qui ne souffrent point de comparaison avec les processus tant de fois dépeints sous le nom d'adaptation de l'organisme vivant aux conditions ambiantes; processus dont les nouveaux phénomènes seraient plutôt la simple négation ou l'inversion. En effet, les êtres vivants ne possèdent, comme moyen d'adaptation, que leur propre organisme; aussi, pour obtenir un équilibre propice au maintien de leur existence, se voient-ils constamment forcés de modifier tout ce qui, dans leurs organes et les fonctions de leurs organes, ne s'accorde pas d'une façon rigoureuse avec les conditions externes.

L'individu social, au contraire, règle ses rapports avec le milieu en exerçant sur celui-ci une influence de plus en plus soutenue et profonde et qui tend à adapter le milieu à ses besoins multiples et croissants. Cette *adaptation inverse* de celle qui constitue la vie s'indique comme la qualité maîtresse de l'humanité. Elle forme l'essence même du progrès, le véritable critère de toute culture humaine ou de toute civilisation.

Dans quel ordre s'effectue la conquête par l'homme des différents modes d'énergie situés en dehors de son organisme et l'adaptation consécutive du milieu, soit aux besoins physiologiques de l'humanité, soit aux besoins nés de cette conquête elle-même? Sur ce point, d'ailleurs assez particulier, nous différons d'avis avec Ostwald. Nous croyons, en effet, qu'il s'abuse et se fourvoie en prétendant que l'utilisation par l'homme des différentes énergies cosmiques se produit, non pas dans l'ordre de leur complication naturelle, si bien élucidé et établi par Auguste Comte (du phénomène inorganique au phénomène organique chez les plantes et les animaux et au phénomène social ou rationnel chez l'homme), mais dans une séquence inverse; celle-ci allant de la mainmise sur l'énergie humaine étrangère ou l'énergie d'autrui (esclavage primitif, rapport de maître à serviteur envisagé comme la forme initiale du groupement humain) à l'appropriation et à l'usage des énergies organiques des animaux domestiqués et des plantes cultivées et finissant par la large exploitation, qui ne fait que commencer de nos jours, des énergies inorganiques ou physico-chimiques.

Ici, Ostwald nous semble se contredire lui-même. Car n'a-t-il pas posé en principe fondamental que l'animalité ne produit et n'utilise, pour la conservation de son existence, qu'un mode unique d'énergie, l'énergie vitale? Or l'humanité primitive voisine à cet égard avec l'animalité. Rien d'étonnant donc à ce qu'elle se signale tout d'abord par une utilisation presque exclusive de l'énergie musculaire humaine (soit comme nourriture, chez les tribus les plus sauvages, soit comme labeur d'esclave, chez les peuplades plus avancées). L'esclavage, sous sa forme la plus ancienne, dérive ou de l'anthropophagie, ou du massacre pur et simple de l'adversaire réduit à merci (et à ce double point de vue, c'est déjà une sorte de progrès). Mais, quoique ses vestiges, comme l'affirment avec une apparence de vérité les socialistes, se soient vaguement perpétués jusqu'à nos jours, il est difficile — je crois même qu'il est impossible — d'y voir une utilisation quelconque du mode spécifiquement humain (ou surorganique) de l'énergie. Il y a là une confusion des plus superficielles entre l'homme-animal et l'homme qui, sans cesser d'être un animal, devient encore autre chose; ou entre ce que j'ai appelé l'individu biologique et l'individu social. La vérité historique est ailleurs. L'humanité débute par une utilisation très rudimentaire ou à peine esquissée des trois grands modes d'énergie énumérés plus haut, le mode inorganique, le mode organique et le mode surorganique; et elle continue longtemps par leur utilisation fort incomplète et défectueuse. Et cet état de choses, après avoir sans doute duré beaucoup plus que nous ne l'imaginons, est suivi par une utilisation des mêmes modes d'énergie de plus en plus affinée et parfaite, mais qui, dépendant des progrès de nos connaisssnces, ne peut se produire que dans l'ordre de leur acquisition.

En effet, c'est au fur et à mesure de l'accroissement de ses réserves d'énergie sociale que l'humanité tend à diminuer ses premières et énormes dépenses en énergie vivante humaine (efforts musculaires, etc.) pour les remplacer, d'abord, par un meilleur emploi des énergies inorganiques (la découverte de la chaleur artificielle et de la lumière qui l'accompagne ont permis de bonne heure à l'homme de franchir ce pas), ensuite, par une utilisation plus fructueuse de toutes les sortes d'énergie organique (progrès relativement tardifs de l'hygiène, de la médecine, de l'agriculture et de la zoonomie rationnelles, etc.), et enfin par une application régulière et plus savante, dans un avenir qui, hélas! se fait encore désirer et attendre, des diverses formes de l'énergie surorganique (augmentation et surtout répartition plus égales des connaissances, règne de la justice sociale).

V

Mais quelle est l'origine première, la cause lointaine de ces « nouveautés » que l'homme introduit dans l'ordre, dans l'économie générale du monde? Pourquoi et comment (ces deux questions n'en font qu'une seule dans la science exacte), tandis que la plante et l'animal se comportent comme de véritables machines destinées à produire, d'une manière inconsciente ou à la façon d'un automate, une altération unique, toujours la même, de l'énergie, l'homme (chez qui cette altération ne représente qu'une faible part de la quantité totale d'énergie passant par ses mains) devient-il, grâce aux nombreux et ingénieux mécanismes qu'il invente à cet effet, le transmutateur universel, pour ainsi dire, de tous les modes d'énergie qui existent dans la nature? Comment arrive-t-il, en s'aidant d'énergies qui ne sont pas dérivées de son propre corps, qui lui restent extérieures ou étrangères, à réagir sur le milieu qui l'entoure et à le modifier encore plus qu'il n'est modifié par lui?

A cette question d'un intérêt capital pour la sociologie, Ostwald donne une réponse qui non seulement ne s'écarte pas d'une façon appréciable des vues exprimées par nous sur le même sujet, mais qui tend à les confirmer aussi bien dans leurs lignes essentielles que dans la plupart de leurs détails.

L'utilisation du monde extérieur (y compris les plantes et les animaux) comme source d'énergie exige nécessairement, selon Ostwald, l'acquisition préalable par l'homme de certaines connaissances relatives à ces phénomènes; et cette acquisition, à son tour, suppose l'ingérence au moins simultanée du facteur social; car tout savoir est le produit du labeur collectif de nombreuses générations d'hommes. L'avantage décisif ou la supériorité incontestable du groupement social sur l'état de dispersion consiste dans la possibilité d'établir et d'accumuler des expériences qui dépassent beaucoup les capacités d'observation et la durée vitale de chaque individu.

L'ordre social n'a pas pour effet une simple réunion d'efforts isolés; il se caractérise surtout par l'accroissement indéfini de leur puissance fonctionnelle, de leur degré d'intensité.

Toute expérience est une connaissance du passé; mais elle n'a de prix que si elle sert ou peut servir à prévoir l'avenir. Or, chez l'animal, dit Ostwald, toute expérience (quoique susceptible d'être partiellement transformée, à la suite d'un long processus de sélection sacrifiant d'innombrables existences, en instinct héréditaire) est toujours indissolublement liée à l'individu qui l'a faite et aux conditions organiques de son bref passage sur la terre. L'homme est seul capable de rendre ses expériences indépendantes de sa propre individualité (ou de son organisme) et des cas typiques auxquels de tels essais se rapportent; et c'est sans doute cette circonstance qui lui a permis d'extérioriser les outils et les machines qu'il emploie. Par un processus psychique inconnu au reste des animaux, l'homme est parvenu à « objectiver » ses expériences. Mais, ici, je dois à la gravité du sujet et à la parfaite similitude de nos vues de citer textuellement : « Ce processus, dit Ostwald, consiste dans l'*élaboration et la communication d'idées générales, de concepts abstraits*. Par ce moyen l'acquêt expérimental de l'individu devient l'apanage de tous les autres membres de la communauté, comme si ceux-ci avaient procédé eux-mêmes à de telles expériences. Et il en résulte un accroissement formidable de l'expérience commune; car, en premier lieu, l'individu s'assimile, sans qu'il lui en coûte, l'expérience du groupe entier; et, en second lieu, la préservation indéfinie des expériences est désormais assurée, bien au delà des limites de la vie individuelle, par leur transmission régulière d'une génération à la génération suivante ». Comme le lecteur peut le constater, il s'en faut de peu qu'Ostwald ne nous dise en propres termes que la socialité, entendue comme une interaction psychique constante aboutissant à une expérience collective et à une connaissance générale et abstraite, à une idéologie de la nature, est la forme ultime et la plus haute que l'énergie universelle revêt à la suite de ses avatars multiples, de ses nombreuses migrations à travers le temps et l'espace.

Toute fonction crée son organe, c'est là une vérité de l'ordre logique ou énergétique général plutôt que de l'ordre biologique seul; car cette proposition signifie autant que cette autre : toute énergie conçue d'une façon abstraite donne lieu à un ensemble de phénomènes concrets qui évoluent *pari passu* avec le mode d'énergie qu'ils manifestent ou extériorisent. La fonction surorganique, le commerce psychique entre les membres du groupe social a dû subir la même loi; et Ostwald considère avec raison le langage articulé comme l'outil ou l'instrument primordial qui réalise et entretient un semblable échange. Privée de cet instrument, une société, affirme-t-il, est inopérante, c'est-à-dire inexistante; et tels apparaissent en effet les groupements zoologiques, les agrégations, sinon même les prétendues sociétés animales. Dans la formation du langage humain, remarque encore finement Ostwald, il s'agit toujours d'une double hiérarchisation ou subordination : d'abord, du signe vocal B à la pensée A, chez celui qui émet la pensée; et ensuite, de la pensée A au signe vocal B, chez celui qui reçoit la pensée; car c'est ainsi seulement que ce dernier peut faire sienne la pensée d'autrui. Toute langue peut se définir comme un système de signes déterminés correspondant à un groupe d'idées déterminées; et plus stricte sera cette double détermination ou plus complète la correspondance qu'elle entraîne avec elle, et plus parfait et plus maniable sera aussi l'outil verbal ou épistolaire de la pensée. « Car le progrès », dit Ostwald en plein accord avec la thèse que nous avons maintes fois défendue, « consiste dans la multiplication des idées à côté des signes qui les expriment, et le progrès s'accomplit toujours de manière que *ce sont d'abord les idées qui naissent et se développent et que ce sont ensuite les signes qui se trouvent et s'établissent*, — ces deux processus se déroulant au début de l'évolution sociale d'une façon quasi inconsciente et au moyen d'une technique très grossière; ce qui rend compte de l'imperfection native ou originelle de toutes nos langues. »

Parmi les traits essentiels qui différencient l'homme déjà quelque peu cultivé ou socialisé de l'individu humain biologique et de tous les animaux, Ostwald cite encore l'épargne ou l'accumulation d'énergie sous forme de travail humain capitalisé. Non pas que le processus de capitalisation soit totalement étranger et inconnu aux autres espèces vivantes; mais chez l'homme il est intimement lié à un phénomène spécifique qui ne se rencontre nulle part ailleurs. Ce phénomène, c'est l'*échange des produits* du travail économisés ou soustraits à la consommation immédiate. Ostwald, croyons-nous, n'a pas tort d'attacher une importance hors ligne à ce nouvel attribut différentiel. Car l'échange des produits (ou encore des *services*, dans l'excellente terminologie de certains économistes) est assurément l'effet le plus constant et le plus ordinaire suscité par l'*échange des idées*, cause spécifiquement sociale de tous les faits historiques. Et de même que cette fonction, l'échange des idées, trouve spontanément son organe dans la langue parlée et écrite, cette autre fonction, l'échange des services, trouve le sien dans ce que les hommes ont appelé d'une façon générale l'argent ou la monnaie. L'argent est la langue des choses. (Par sa mobilité extrême et sa transformabilité universelle, prétend Ostwald, l'argent ressemble d'une manière étonnante à l'énergie mondiale dont il sert, dans les sociétés humaines, à véhiculer les diverses manifestations à travers le temps et l'espace.)

Le processus de « socialisation » des individus biologiques, qui forme l'objet propre des études du sociologue, est constamment envisagé par Ostwald comme le « moyen » par excellence permettant aux hommes d'atteindre les différents « buts » généraux qu'ils poursuivent et qui se totalisent en un vaste ensemble de faits connu sous le nom de « civilisation ». Ostwald se place ainsi d'emblée au point de vue téléologique qui ne se peut justifier que si l'on admet en même temps le rapport causal engendrant et déterminant le rapport finaliste. Or, au point de vue de la genèse objective des phénomènes, un moyen est toujours une cause, et un but est toujours un effet. Qu'il le veuille ou non, Ostwald doit donc conclure avec nous que la « socialisation » — *alias* l'interaction des consciences, d'abord psychophysique, ensuite psychologique, — est la cause première de la civilisation, c'est-à-dire de l'histoire totale de l'humanité.

Entre cette cause et cet effet, il y a place pour des « effets-causes » ou des « causes-effets » intermédiaires. Et Ostwald n'éprouve aucune difficulté à nous montrer à l'œuvre le principal et le plus important de ces chaînons : le *savoir humain*, fruit de l'expérience collective et origine de tous les progrès réalisés par les hommes. Pour lui comme pour nous, le mode social de l'énergie universelle se distingue de tous ses modes « asociaux » par là qu'il aboutit à la connaissance des divers processus transformatifs se déroulant dans les modes asociaux. Il est vrai que nous sommes allés plus loin en émettant l'hypothèse que le mode social de l'énergie n'était lui-même, au fond, qu'une « transmutation de tous les modes asociaux en connaissance de leurs processus évolutifs ». Mais cela n'empêche pas que nous soyons une fois de plus d'accord en constatant tous les deux que le mode social de l'énergie augmente et accélère indéfiniment les transformations naturelles ou spontanées des modes asociaux. Sous l'empire du mode social, les diverses énergies libres se transmuent d'une façon de plus en plus complète et rapide en d'autres modes d'énergie. Et c'est ainsi que s'élabore, que prend naissance, dans le cerveau humain, le rapport téléologique de l'énergie primordiale ou brute à l'énergie transformée ou utilisée : le changement obtenu, qui est un effet nécessaire, devient à nos yeux, au fur et à mesure même de sa réalisation, un but, une cause finale, et nous l'appelons un « progrès ».

La logique ordinaire est déjà très portée, comme on sait, à donner la préférence au point de vue finaliste sur le point de vue causal, et à substituer le premier au second; mais la logique énergétique, à en juger par les raisonnements de ses protagonistes, semble l'être encore plus. Ostwald, en particulier, se cantonne rigoureusement dans la téléologie et n'en sort, pour ainsi dire, jamais. Heureusement pour lui — et pour ses lecteurs — ses inversions finalistes sont presque toujours justes; c'est-à-dire qu'elles ont pour base sous-entendue des rapports de cause à effet qu'il n'est ni impossible ni même très difficile de découvrir.

Ainsi, quand, se plaçant au point de vue finaliste, Ostwald affirme que le fait de s'associer, de vivre ensemble n'est rien en soi, ou qu'il ne devient un facteur de civilisation et de progrès (et un objet d'études pour la science sociale) que s'il tend à accroître la valeur des choses (le coefficient de transformation de l'énergie brute en énergie utile), il a mille fois raison. Mais c'est simplement parce que sa téléologie concorde ou coïncide avec la causalité réelle du fait observé; ou parce que la « socialité » n'est pas une « grégarité », pour ainsi dire, mais un processus naturel intime qui modifie nécessairement la conscience, phénomène organique, et la change en connaissance, phénomène surorganique.

Présentée de la même façon téléologique, la théorie « ostwaldienne » du droit dérivé de la force est également juste. Car qu'est-ce que le développement social qui fonde le droit, sinon une transformation partielle de l'énergie organique appelée « force » en énergie surorganique appelée « justice »? La force *précède* nécessairement le droit dont, au point de vue causal, elle constitue la véritable « matière première »; mais elle ne *prime* le droit qu'à certaines époques de l'histoire, alors que l'énergie surorganique qui se dégage de l'énergie organique, demeure, en somme, une quantité négligeable. Au point de vue téléologique, par contre, le droit reste toujours supérieur à la force dont il n'est en quelque sorte qu'une économie : le moyen le plus rationnel d'en restreindre l'usage et l'abus.

La découverte des premières normes juridiques, dit pertinemment Ostwald, égale par sa valeur civilisatrice la découverte du feu, de la chaleur et de la lumière artificielles ; et il semble étonné que le sort de ces deux grandes inventions ait été si différent : que la première n'ait donné que des résultats chétifs et misérables quand on les compare aux effets produits par la seconde. Mais il n'y a là, en vérité, rien que de très plausible et de très naturel. Ces deux événements signalés de l'histoire appartiennent au même ordre de faits surorganiques : ils dérivent également de l'expérience et du savoir humains. Toutefois le premier est situé dans le domaine des sciences physico-chimiques et le second dans celui des sciences sociales ; or, le développement des sciences n'est pas simultané, mais successif, et la loi particulière qui exprime cette suite ou série rend très bien compte de l'état arriéré de la dernière classe de connaissances.

Le châtiment (le droit de punir) forme aux yeux d'Ostwald une manifestation *sui generis* du droit en général; il poursuit le même but, à savoir : faire cesser les « pertes d'énergie » qui sont dues aux contacts, aux heurts multiples et réciproques des membres du groupe social et qui, par la nature des choses, se peuvent éviter. Par suite, le droit pénal qui aujourd'hui est fortement marqué encore au coin des violences et des abus de force de l'état barbare, devra de plus en plus se rapprocher du droit civil et peut-être même se confondre avec lui, devenir une sorte de droit de compensation (réaction visant à rétablir l'équilibre social compromis, faussé ou rompu).

Au point de vue énergétique, la guerre rentre avec le crime dans la même catégorie de faits : elle est un gaspillage d'énergie que la civilisation a pour but (ou pour effet) de diminuer, de restreindre, de faire disparaître. Plus encore que la répression pénale, la guerre fait revivre, à notre époque, la sauvagerie féroce des ancêtres. On doit juger d'une façon analogue les phénomènes de lutte, d'antagonisme et de concurrence entre les membres du même groupe social ou de groupes divers, chaque fois que de tels faits tendent à diminuer, au profit de quelques-uns, la somme d'énergie utilisable par tous. Ostwald a surtout en vue les luttes économiques; mais il semble certain que le critère indiqué s'applique également à tous les autres domaines de la vie sociale. L'histoire de la civilisation ne prouve-t-elle pas, par exemple, que plus est réduite, par rapport à la demande, la somme d'énergie cognitive disponible ou offerte, et plus la lutte pour la possession du savoir et de la liberté qui en dérive prend des formes aiguës et nuisibles à la collectivité (science occulte, monopole du savoir, séparation étanche des classes au double point de vue intellectuel et moral, etc.)?

Une remarque générale s'impose ici. Dans la vaste série hiérarchique qui embrasse tous les faits concrets se produisant ou pouvant se produire dans une société humaine, Ostwald affectionne plus particulièrement le terme ultime : l'action (ou encore le travail). Or, qu'est-ce que le travail, au sens « sociologique » du mot? C'est, disons-nous, de l'expérience ou de la connaissance, de la pensée analytique (et respectivement de la pensée synthétique ou philosophique et de la pensée esthétique) intimement combinée soit avec de l'activité organique, soit, par l'intermédiaire de celle-ci, avec des modes quelconques de l'énergie physico-chimique. Et qu'est-ce que le travail, si on l'exprime et le définit en termes énergétiques? C'est, nous dit Ostwald, le postulat ou la condition nécessaire qui préside à la transformation de l'énergie brute en énergie utile (c'est-à-dire au processus séparant profondément la civilisation humaine de la vie immédiate des animaux et des plantes). Tout produit du travail (œuvre de science, œuvre de philosophie, œuvre d'art ou œuvre pratique proprement dite) se décompose en une part d'énergie qui forme la « matière première » du produit, et en une part qui fut employée pour adapter cette matière à tel ou tel besoin, pour la faire servir à tel ou tel usage humain. Le travail qui donne au produit sa *valeur*, représente précisément cette part ultime d'énergie. Mais ici encore (puisqu'il s'agit d'un fait concret) cette part, ou le travail, s'offre comme une énergie complexe qui se laisse ramener, par abstraction, à deux éléments distincts : l'élément surorganique (l'expérience, la connaissance, etc.), et l'élément organique (l'effort musculaire, la tension nerveuse et ainsi de suite). Il semble donc évident que si dans la résultante T (travail) la composante surorganique S s'accroît, la composante organique V en sera diminuée d'autant. Les progrès de la civilisation tendent à réduire cette dernière composante seule, et nullement, comme le donne à entendre Ostwald, la somme entière du travail. Plus augmente la connaissance qui forme une partie constitutive du travail humain, et moindre devient l'effort purement vital exigible pour opérer la transformation cherchée. (Rapportée à un certain ordre de travaux, cette réduction est appelée par les économistes diminution des frais de production, baisse du prix de revient.)

La libre disposition des choses qui, dans le langage du droit, porte le nom de *propriété*, se laisse, s'il faut en croire Ostwald, rattacher à une origine organique ou purement animale. La propriété est fille de la faim et de l'appétit sexuel. Limitée d'abord, comme cela est le cas normal chez les animaux, à un nombre fort restreint d'objets (ce qui, soit dit en passant, fait naître l'illusion d'un collectivisme initial), elle s'étend ensuite à la plupart des moyens de production. Mais loin de marquer un résultat définitif dans l'évolution économique et juridique des sociétés, le régime de la propriété semble n'en caractériser qu'une étape passagère ou intermédiaire. Et il se pourrait bien qu'il fût remplacé — et même plus tôt qu'on ne le pense — par des modes de produire plus perfectionnés, plus accélérés, plus fructueux, et par un droit plus strictement égalitaire venant consacrer ces modes nouveaux. En effet, comme l'observe d'une façon vraiment profonde Ostwald, plus est long et difficile le parcours, dans le temps (la durée de production) et dans l'espace (le transport des produits), qui sépare l'énergie primordiale ou brute de l'énergie transformée ou capable de satisfaire à nos besoins, et plus l'idée de propriété s'ancre avec force dans les esprits et s'y développe d'une façon précise; car s'il en était autrement, le but de l'effort (l'énergie utilisable) ne pourrait pas s'atteindre.

Les quelques idées qu'Ostwald expose ensuite sur les transformations successives du pouvoir au point de vue de la théorie énergétique, paraissent également favorables au « collectivisme » futur, sinon prochain ou imminent. Le pouvoir détenu par l'État nous présente, selon lui, la plus forte concentration des énergies humaines réalisée jusqu'ici, leur convergence la plus étroite vers des buts communs. Et l'évolution de l'État a déjà distinctement parcouru deux phases. Dans la première, eu égard à la nature ou à la qualité des énergies qu'il rassemble en une sorte de foyer central pour les faire rayonner dans toutes les directions, l'État est nécessairement féodal ou militaire; et dans la seconde, et pour les mêmes raisons, il devient de plus en plus économique ou industriel. Le droit moderne n'est qu'un long effort logique (et souvent, hélas! illogique) visant à justifier et à réglementer ce changement. Mais à côté de la concentration économique étatiste ou collective, une autre concentration également économique, mais individuelle, a surgi, qui fut sans aucun doute déterminée et fortement soutenue par le principe de la propriété privée : c'est l'accaparement, par un petit nombre de citoyens, des principaux moyens de production, c'est le règne de la Banque et le monopole de l'Argent. L'organisation individualiste du capital menace aujourd'hui l'existence même de l'État, avec lequel elle rivalise déjà de puissance en cherchant à devenir, à ses côtés et à son détriment, une source permanente du droit et de la jurisprudence. Et l'État moderne ne pourra éviter la dissolution anarchique ou telle autre catastrophe rétrograde que s'il imite l'exemple de l'État du moyen âge qui combattit longtemps et finit par vaincre l'anarchie féodale en réunissant dans ses mains toutes les forces armées dans chaque pays. L'état industriel, s'il veut vivre et prospérer, devra donc, à son tour, entreprendre et réaliser la grande concentration qui s'impose à notre époque, celle de l'Argent : il devra devenir le principal ou même l'unique capitaliste.

VI

Mais le point essentiel, le centre de gravité de la conception énergétique du phénomène social gît tout entier dans les vues des « nouveaux logiciens » sur le rôle tenu par la science dans l'histoire des progrès de la raison. Ce rôle est exactement pareil à celui que notre théorie sociologique et notre loi générale du développement des sociétés avaient déjà assigné à la connaissance ; on nous a même assez reproché — et justement quelques critiques d'outre-Rhin — la conviction passionnée que nous mîmes au service de cette thèse.

Ostwald, d'accord avec Ernst Mach et quelques autres penseurs d'une même élévation de vues, regarde la science comme le grand instrument de la supériorité et de la domination de l'homme sur la nature, comme l'outil universel et le plus efficace de tous ceux qu'inventa le génie humain. « L'ensemble de faits qui constitue une civilisation, dit-il *expressis verbis*, repose en premier et dernier lieu sur la science, qui doit s'envisager à la fois comme la floraison la plus haute et *la racine la plus profonde* de toute culture humaine. »

— « La science, continue-t-il, remplit à l'égard de l'humanité le rôle de l'organe central, du cerveau, à l'égard de l'individu. En elle se réunit et se concentre tout ce qui, d'une façon quelconque, fut acquis par une expérience susceptible d'être répétée; et par son appareil mnémonique ou sa mémoire, les livres, elle rend sa propre existence indépendante de celle des individus au courant seulement de telle ou telle de ses parties... La connaissance des faits arrivés est sans valeur aucune tant qu'elle ne nous permet pas de prévoir et de prédire, avec plus ou moins de probabilité, les faits futurs... La science est essentiellement une prophétie systématique, et elle est cela parce que l'homme arrange ou organise son activité de façon à obtenir avec le moindre effort, avec la moindre perte possible d'énergie, les résultats qu'il espère et souhaite. »

« L'évolution du savoir humain, déclare en outre Ostwald, est déterminée par des lois d'une grande régularité; et la marche historique des sciences se poursuit en un strict accord, elle coïncide d'une façon étroite avec le *développement logique* compris comme une *généralisation* constante et un *approfondissement* perpétuel des problèmes soulevés » (ainsi est nettement indiquée la nature analytique ou nécessairement *abstraite* de la connaissance). Mais, se hâte d'ajouter Ostwald, les lois qui gouvernent cette importante évolution, génératrice de toutes les autres séries évolutives se déroulant dans un milieu social, ont jusqu'ici été très peu et très mal étudiées. Il s'agit donc d'éliminer de ce nouveau domaine scientifique, comme cela a été fait pour les autres, le hasard des découvertes heureuses; et d'étendre à la production de la plus haute de toutes les valeurs, la science ou la recherche de la vérité abstraite, les procédés généraux déjà employés avec succès dans diverses branches de l'activité humaine et qui se rattachent tous au principe « économique » du moindre effort (ou de la plus grande « épargne » d'énergie).

Principe « économique » ou principe « énergétique » ? Voilà une question qu'Ostwald ne soulève pas, ou plutôt qui se résout d'avance pour lui aussi bien que pour Mach dans le sens de l'identité parfaite des deux principes. L'un et l'autre écrivain nous parlent volontiers et à maintes reprises du caractère profondément « économique » de la science et, par suite, de la culture, de la civilisation tout entière; et cela, au risque de produire dans nos esprits une confusion regrettable de la partie avec le tout, sinon même de nous faire retomber dans l'illogisme et l'impasse pragmatiques. La formule juste et qui seule peut s'appliquer à l'ensemble des sciences nous paraît celle-ci : la nature « énergétique » du savoir (ce qui, d'ailleurs, est une tautologie évidente si l'on admet que la connaissance est elle-même un mode d'énergie). Quant au qualificatif « économique », il devrait garder une signification beaucoup plus spéciale et ne servir qu'à désigner l'un des aspects (du reste essentiel ou « basique » selon la terminologie marxiste) de l'activité appliquée se déployant sous l'influence originelle du savoir.

Mais comment cette confusion de la partie avec le tout a-t-elle pu se produire? Il ne semble pas trop malaisé de l'expliquer. En effet, ce n'est pas seulement dans certaines parties de la physique, à un bout de l'échelle du savoir, c'est aussi dans certaines parties de la sociologie (à l'autre bout de la série des sciences), et notamment dans le domaine de la connaissance économique — aussitôt que cette discipline se forma, — que les lois universelles de l'énergétique furent d'abord et même assez facilement saisies par l'esprit. Mais de là il n'y avait qu'un pas à faire pour remplacer, dans l'ordre des processus sociaux, tels que les processus de connaissance, le terme « énergétique » par le terme « économique ». Les savants cités plus haut eussent sans doute pu aussi bien nous parler de la nature « physique » des faits et des processus sociaux; mais ils évitèrent cette première faute de terminologie pour tomber dans la seconde. Celle-ci, d'ailleurs, n'aurait pas eu la gravité que nous lui attribuons, si nous étions déjà, dans toutes les sciences, définitivement sortis de la période du savoir verbal.

A côté de l'accroissement des connaissances, Ostwald reconnaît aussi l'extrême valeur qu'offre, pour le moindre progrès social, leur large diffusion. Il décrit avec un soin délicat et qui rappelle involontairement les « fines miniatures sociales » de son prédécesseur Tarde, la lenteur parfois désespérante de cette diffusion et les mille obstacles que l'initiateur, l'homme de génie rencontre sur sa route. « Souvent, dit-il, le progrès accompli n'est pas immédiatement aperçu, surtout s'il s'agit d'un pas en avant fait dans un domaine nouveau de la pensée. Et plus sera considérable la portée de l'innovation scientifique, moins vite elle émergera du silence qu'on tâchera de faire autour d'elle et de l'isolement dans lequel on la tiendra en raison même de ce qu'elle ne se relie pas d'une façon directe et facile au savoir légué par le passé et devenu populaire. » En pareil cas, les plus grands progrès sont exposés à attendre longtemps avant d'être acceptés et jugés comme tels par la majorité des savants que les masses populaires ont déjà tant de peine à suivre. « La diffusion du savoir, observe encore à ce sujet Ostwald, se poursuit toujours de la même manière à travers les diverses couches, les divers niveaux intellectuels d'une nation ou d'une société civilisée. Ce sont d'abord quelques rares esprits apparentés qui comprennent ou saisissent la grandeur de l'idée nouvelle; les couches moyennes qui suivent immédiatement, commencent d'habitude par repousser l'idée, à moins qu'il ne s'agisse d'une innovation depuis longtemps attendue et à laquelle elles sont complètement préparées. Toutefois, l'intérêt manifesté par l'infime élite ne tarde pas, après un laps de temps plus ou moins long, à éveiller l'attention des esprits indépendants; et ce n'est qu'alors, souvent après une défaite éclatante infligée à une opposition conservatrice composée de collaborateurs plus anciens dans la même branche d'études, que le nouveau progrès arrive à être admis et appliqué dans des milieux plus larges. » Une autre remarque d'Ostwald mérite d'être relevée. « Il advient, dit-il, que certaines choses sont trouvées plusieurs fois par des individualités très différentes; cela a lieu surtout lorsque la science, pour pouvoir avancer, éprouve le besoin pressant d'une découverte déterminée. Le besoin suscite alors d'une façon spontanée, dans l'organisme collectif de l'humanité, sa propre satisfaction. »

Quoi qu'il en soit, Ostwald termine son livre par ces paroles auxquelles souscriront sans hésiter tous les vrais sociologues et même tous les hommes de bon sens : « Pour la diffusion accélérée du savoir, il n'y a pas de facteur plus actif et plus puissant que l'*école*. Aussi l'organisation rationnelle de l'instruction ou plutôt de l'éducation en général, forme-t-elle le problème sans comparaison le plus important de tous ceux que l'humanité qui se dit civilisée est appelée à résoudre, indépendamment des formes politiques, économiques ou juridiques du processus « socialisateur ». Car il n'existe pas d'autre moyen plus efficace d'assurer le développement et d'augmenter la valeur d'une civilisation que celui qui consiste à la transmettre dans toute son intégrité aux générations futures. »

VII

Il est temps de conclure. Si notre théorie sociologique s'approche de la vérité, la conception énergétique du phénomène social qui conduit aux mêmes résultats, en reçoit une force et une consécration nouvelles. Et vice versa, si la théorie énergétique dévoile la vérité, notre conception du phénomène social, qui apparaît comme son aboutissement ou sa conséquence, y gagne nécessairement en précision et en certitude.

Mais il y a plus. Même dans sa phase actuelle de développement, encore rudimentaire, la conception énergétique semble déjà contenir *implicitement*, ou en germes prêts à éclore, trois théories capitales que la conception sociologique s'est efforcée d'établir d'une façon *explicite*. Ces théories sont les suivantes. 1° La *théorie biosociale* qui fait du phénomène psychique, tel qu'il est observé dans un milieu humain socialement cultivé (et au contraire de ce qui se passe chez les animaux), un phénomène composé, dû à la collaboration du facteur biologique et du facteur social. 2° La *théorie interpsychique* qui affirme que si la connaissance (ou encore l'expérience collective qui la constitue) est la cause de toutes les découvertes dont l'ensemble porte le nom de civilisation, et que si, en ce sens (la cause participant de la nature de ses effets), elle est l'instrument universel admiré par Ostwald, elle doit cependant avoir elle-même une cause distincte de ses effets; or, dans l'état actuel de nos connaissances, cette cause ne saurait être cherchée et trouvée que dans un mode spécial de l'énergie universelle : l'interaction psychique, la transformation de l'énergie biologique supérieure, la conscience, en énergie surorganique, la connaissance. 3° Enfin, la *théorie du savoir* qui enlève l'étude de celui-ci à la tutelle de la philosophie, qui le délivre du joug de la métaphysique, qui en fait l'objet d'une investigation très spéciale et, pour tout dire, le premier et le plus important chapitre de la sociologie générale.

On peut même nourrir l'espoir, croyons-nous, que la conception énergétique, au fur et à mesure de son application plus large et plus prolongée à la sociologie, acceptera, avec les corrections nécessaires, et notre *série fondamentale des phénomènes sociaux*, et notre *loi des quatre facteurs de l'évolution historique* ou des quatre aspects successifs revêtus par la pensée collective (science, philosophie, art et action).

L'énergétique sociale, comme toutes les autres formes de l'énergétique, est une théorie franchement utilitaire ou finaliste. Mais son finalisme est conscient, il ne court pas le risque d'être pris pour un lien causal, il n'exclut pas, par suite, de la science l'étude des rapports objectifs de causalité. La finalité y est, au contraire, toujours strictement subordonnée à la causalité, la pratique y dépend de la théorie, ou l'action, comme nous avons pu le voir chez Ostwald, de la connaissance.

La conception énergétique du phénomène social ne nous donne pas, en un mot, le lamentable et anarchique spectacle que nous offre, sans se douter le moins du monde de la triste figure qu'il y fait, le pragmatisme excessif de nos jours : le spectacle piteux de la révolte du fait contre l'idée qui l'engendra. La sociologie énergétique serait plutôt capable d'apporter une solution radicale à la fausse antinomie du « rationalisme » et de « l'activisme ». En effet, est-elle autre chose elle-même qu'un activisme, mais un activisme déjà essentiellement logique ou rationnel? Cette théorie nous montre qu'il existe deux sortes de pragmatismes : le pragmatisme en dehors de la science ou d'avant la science, qui est le lot propre des bêtes et des assimilés aux bêtes; et le pragmatisme par la science ou à sa suite, qui est l'apanage de l'homme socialisé ou cultivé. Et elle prouve, en outre, que toute époque hautement civilisée est, par définition, une époque, un siècle hautement utilitaire;

c'est-à-dire un temps où la science ne tarde guère à « faire ses frais », à justifier par d'importantes applications les efforts et le labeur qu'elle coûta, — *to pay*, comme disent les pragmatistes pratiques par excellence, les Anglais et les Nord-Américains (plus avisés en cela que les purs théoriciens du pragmatisme).

Sur cette route de la pratique commandée et surveillée par la théorie — route qui fut et restera toujours l'unique voie du progrès — on ne saurait désormais aller trop loin. Plus la civilisation avancera, plus augmenteront nos connaissances, plus elles se répandront en de larges milieux démocratiques, — et plus les siècles qui seront témoins d'une telle croissance et d'une telle diffusion, mériteront de s'appeler des siècles profondément utilitaires. Car l'Action (ou la pratique) est la fille de la Raison (ou de la théorie), comme celle-ci est la fille de la Cité.

NOTES

1 (page 4). Il aurait mieux valu, sans doute, réserver le terme de « pensée » à la seule *conception*, ou à ce qu'on appelle encore couramment la pensée abstraite (nécessairement sociale, de nature surorganique, manifestation topique de l'interaction conscientielle); ou ne pas distraire ce terme de son acception stricte et ne pas l'étendre jusqu'à lui faire signifier l'ensemble des processus quelconques, d'origine biologique et d'origine sociale, qui se passent dans un cerveau. L'imprécise terminologie actuelle reflète un des vices capitaux de la sociologie et de la psychologie empiriques de notre temps : son *biologisme* outré et envahisseur.

2 (p. 5). Le psychologue et, pis encore, le philosophe qui, après les victoires éclatantes remportées par les vues transformistes et évolutionnistes, s'efforce à rajeunir la vieille dispute du nominalisme et du réalisme sans modifier les données du problème, est vraiment quelque peu en retard sur son époque. Voit-on bien, par exemple, le biologue de nos jours se demander sérieusement si la vie ou les fonctions organiques que ce mot résume, ont ou n'ont pas une réalité distincte de celle qui appartient aux organes, tissus, éléments bio-chimiques où se manifestent les propriétés vitales? Et ne lui suffit-il point, pour éclairer d'une façon satisfaisante et acceptable (pour le moment) le problème si souvent agité de la vie universellement répandue, d'admettre l'hypothèse d'une transformation nécessaire (dans certaines conditions demeurant encore indéterminées)

de la matière inorganisée ou de la forme d'énergie qu'elle représente, en matière organisée, douée de propriétés nouvelles ? Hypothèse qui, d'ailleurs, se confirme, se vérifie en partie par le phénomène constant de la mort et de la dissolution chimique de tous les organismes sans exception.

3 (p. 31). Cf. *Sociologie de l'Action*, p. 68-70. — Les passages guillemetés dans le texte sont tirés de cet ouvrage.

4 (p. 37). Des concepts, des abstractions très rudimentaires se forment peut-être chez certains animaux à la suite d'expériences bio-individuelles nombreuses auxquelles viennent s'ajouter les expériences concordantes de leurs congénères (qui leur sont communiquées par des moyens également très rudimentaires). Mais ce fait, s'il était constaté, ne pourrait conduire qu'à admettre, dans l'animalité supérieure, une socialité, une interaction psychophysique très faible ou quasi-latente. *Natura non facit saltus*, et nous aurions affaire ici à un passage insensible du vital au social, de l'organique au surorganique. Une transition analogue nous permet déjà de relever dans certains processus chimiques très particuliers et très complexes quelques faibles traces de la vie organique.

Il semble, d'ailleurs, que ce que nous prenons, chez les animaux, pour des abstractions à peine ébauchées se réduise à des images concrètes dans lesquelles le souvenir se concentre sur certaines sensations, physiologiquement importantes, et en omet d'autres, subsidiaires. La mémoire d'un chat, par exemple, retient de ses nombreuses expéditions contre les souris certaines sensations dominantes, d'où une image concrète *incomplète* de souris, une image partielle plutôt qu'une véritable abstraction. Mais il ne paraît guère probable que le chat puisse décomposer l'image concrète de la souris en éléments constitutifs abstraits, tels que poids, couleur, température, élasticité, mouvement, etc. La pensée du chat ne devient pas scientifique (analytique et hypothétique), comme elle ne devient pas philosophique (synthétique et apodictique), ni esthétique (syncrétique et symbolique); on ne saurait non plus, et pour cause, lui attribuer sérieusement un caractère ou une valeur technique, au sens strict du mot. En revanche, cette pensée — et en l'affirmant nous ne voulons blesser personne — est et demeure, d'un bout à l'autre, du commencement à la fin, purement et simplement *pragmatique*.

5 (p. 38). Malheureusement, ainsi que nous en avons fait la remarque dans notre *Nouveau Programme de Sociologie*, « on construisit cette vérité en un sens étroit et empirique, on la dénatura, on la falsifia au point de lui faire signifier juste le contraire. Aujourd'hui encore, on combat avec ardeur le « platonisme de l'esprit », on le définit comme « le mirage qui attribue la vie réelle à l'abstraction vide ». La tentative de Platon ne fut pourtant, tout au plus, que maladroite, prématurée, inconciliable avec le savoir psychologique de l'époque; mais déjà elle s'inspirait de ce vague et louable désir : jeter les premières bases d'une science naturelle des idées » (p. 214).

6 (p. 41). V. *Nouveau Programme de Sociologie*, p. 26-27 : « Nous n'allons pas rouvrir ici la misérable controverse du nominalisme et du réalisme. Futilités énormes ou énormités futiles, les deux thèses ont une valeur sensiblement égale. Leur moindre défaut est de se présenter comme une lourde équivoque formée et entretenue par une gnoséologie suffisamment ignare dans les matières qu'elle prétend approfondir. Nous dirons toutefois qu'affirmer l'*irréalité* du phénomène abstrait pour relever, grossir ou renforcer d'autant la *réalité* du phénomène concret, nous semble une tentative qui va directement à l'encontre du but que se propose le nominaliste; et un reproche semblable atteint l'effort puéril du réaliste cherchant, inversement, à diminuer la chose concrète au profit de l'idée abstraite.

« Cette double jonglerie qui opère sur les notions corrélatives du *tout* et de sa *partie* et qui escamote, comme une muscade, tantôt l'un et tantôt l'autre concept, forme encore de nos jours le fonds et le tréfonds de plus d'une illustre théorie de la connaissance. Mais elle fait décidément mauvaise figure dans la science exacte. Ni le biologue, ni le chimiste, ni le physicien ne se battent les flancs pour savoir si la vie, les propriétés chimiques, la pesanteur ou le mouvement — dont ils ne cessent de découvrir et de formuler les lois — se doivent, oui ou non, considérer comme de pures chimères. Et cependant, plongés comme ils le sont dans la phénoménalité concrète qu'ils examinent et scrutent de mille manières habiles, ils eussent pu, semble-t-il, mieux que les métaphysiciens de la connaissance et à moins de frais, satisfaire sur ce point capital leur curiosité et la nôtre. Le sociologue fera sagement d'imiter leur exemple. A son tour, il étudiera, il analysera avec le plus grand soin la double phénoménalité concrète où le fait abstrait qui l'intéresse avant tout, la socialité (l'interaction mentale simple ou complexe) se laisse atteindre par les sûres méthodes expérimentales ».

7 (p. 42). Il peut être intéressant de comparer la définition néopositiviste de la chose concrète : un faisceau d'abstractions, avec celle que donne de la même réalité sensible un physicien éminent qui est, en outre, un logicien profond et perspicace, Ernst Mach : « le concret, dit-il, est un faisceau de réactions régulièrement liées entre elles ». Loin de s'opposer, ces deux définitions se prêtent un mutuel appui. En effet, un faisceau d'abstractions ne peut signifier qu'un faisceau de rapports, de relations entre les choses. Mais le même sens est attribué par Mach à ce qu'il désigne comme des « réactions régulièrement liées entre elles »; car, nous déclare-t-il, « ce qui est constant ici, c'est toujours la *dépendance* régulière des réactions entre elles, et cela seulement. C'est là *la notion de substance* expliquée au point de vue critique et qui remplace scientifiquement la notion vulgaire de substance. Celle-ci était d'ailleurs sans inconvénient pour la vie journalière... » « Mais, ajoute-t-il avec infiniment de raison, elle joua, en physique scientifique, le même rôle trompeur que la chose en soi en philosophie » (*Connaissance et Erreur*, chap. IX).

8 (p. 49). Ainsi que nous le disions dans notre *Sociologie*

de l'Action (p. 65), « une étroite corrélation unit toutes nos idées. L'idée plus générale est le rapport qui lie entre elles les idées moins générales (et en ce sens spécifiques). Et toute opposition absolue entre des idées quelconques est vaine, inféconde, elle prouve seulement qu'à un moment donné de l'évolution mentale, l'expérience collective demeure impuissante à découvrir leur identité générique ou supérieure. La loi de « l'identité des contraires surabstraits », c'est-à-dire des idées qu'on oppose d'une façon absolue, n'est que la brève formule employée par l'école néopositiviste pour constater ce rapport universel entre nos concepts. Pour en saisir la véritable portée, il ne faut jamais oublier qu'il s'agit d'une évolution continue ; donc, que ce qui était autrefois « surabstrait » ne l'est plus aujourd'hui, soit qu'on ait reconnu dans certaines oppositions autant de variétés expérimentales du même phénomène (le chaud et le froid, le sec et l'humide, le solide et le fluide, et, dans un autre ordre de faits, la vertu et le vice, le juste et l'injuste, le bien et le mal), ou seulement des variétés imaginaires et factices (l'absolu et le relatif, Dieu et la nature, le néant et l'être, par exemple). La pointe de la loi néopositiviste — l'une des plus importantes dans l'ordre idéologique — est principalement dirigée, de nos jours, contre les distinctions verbales qu'une science, une philosophie ou une esthétique mal informées font valoir comme des différences réelles, — une erreur qui, portée au compte de la pensée pratique, se solde toujours, en définitive, par une activité peu raisonnable ; telle, par exemple, l'action basée sur la foi aveugle, la conduite soit simplement absurde (souffrances des martyrs, ascétisme des saints, etc.), soit profondément immorale (fanatisme, appât des récompenses d'outre-tombe, abdication de la raison moderne en faveur de la pensée naïve et confuse du passé et ainsi de suite) ».

Empruntons encore au même ouvrage les deux citations suivantes : « Le *relatif* est une de ces idées surabstraites dont le contraire ne se peut penser et alléguer que d'une façon formelle ou verbale, un concept que notre esprit ne saurait faire rentrer dans une idée générique plus vaste. En d'autres termes, l'*absolu* est une pseudo-négation, une réaffirmation latente du *relatif*, comme le *néant*, par exemple, est une pseudo-négation, une réaffirmation latente de l'*être*. Et de même que dans certaines philosophies — depuis le bouddhisme jusqu'aux thèses pessimistes modernes — le néant n'a jamais servi, au fond, qu'à exprimer la forme ultime et, en ce sens, parfaite de l'être, de même l'absolu ne signifie-t-il pas, dans le jargon philosophique, la forme ultime du relatif, celle atteinte en dernier lieu par l'expérience commune des hommes » (p. 77-78).

« Il y a, dit Whewell, l'historien bien connu des sciences inductives, deux manières de raisonner et de fixer le sens des hautes abstractions employées dans nos recherches : l'une qui consiste à examiner les mots et les pensées que ces mots suggèrent ; l'autre qui consiste à porter l'attention sur les faits et les choses qui introduisent dans la langue et mettent en usage les mots et les termes abstraits. Cette dernière voie, la méthode de l'investigation réelle, conduit seule au succès... Une autre erreur largement répandue a été la doctrine des contraires, dans laquelle on partait de cette supposition que les attributs (adjectifs ou substantifs) qui, dans la langue ordinaire ou dans un mode abstrait quelconque de conception, étaient opposés l'un à l'autre, devaient être nécessairement considérés comme les indices d'une antithèse fondamentale et fort importante à étudier, au sein de la nature même... »

« Whewell a raison et sa dernière remarque est particulièrement intéressante. Elle montre qu'entre la doctrine des contraires, journellement employée encore par l'immense majorité des philosophes, des sociologues, des moralistes, des psychologues, et notre théorie des contraires surabstraits qui aboutit à nier le caractère objectif de certaines antithèses regardées d'habitude comme essentielles et irréductibles, il y a peut-être toute la distance qui sépare le savoir verbal du savoir réel. » (*Ibidem*, p. 85 et 314).

Ajoutons encore que les concepts « surabstraits » sont des haltes, des arrêts momentanés de l'esprit sur la route qui des notions subjectives conduit le savoir humain aux concepts de plus en plus objectifs en dépit de leur caractère de plus en plus abstrait. Et de même que le physicien, par exemple, substitua aux notions semi-concrètes de chaleur, de froid, de solidité, etc., leurs équivalents objectifs, la dilatation, la contraction, la cohésion, le mouvement, etc., de même le sociologue devra s'efforcer de substituer aux concepts subjectifs de bien, de mal, de liberté, d'oppression, etc., leurs équivalents objectifs : la connaissance, l'ignorance et ainsi de suite.

9 (p. 57). Selon un autre auteur, K. Pearson, la loi scientifique est une *description* (des choses), tandis que la loi civile est une *prescription*, impliquant un commandement, un devoir. Or, quand la prescription ne s'accorde pas avec la nature des choses sociales, elle s'assimile à une erreur, à une description fausse de cette nature. Toute la différence entre la loi naturelle et la loi civile consiste donc actuellement (car elle s'efface à mesure qu'on remonte aux premiers âges du savoir) dans la maturité relative des lois de la nature (où les vérités prédominent sur les erreurs, les descriptions exactes sur les descriptions fausses) et l'immaturité relative des lois civiles (qui abondent en erreurs, en descriptions illusoires ou mensongères des faits).

10 (p. 65). Les formules qui pressentent la vérité future, qui s'en rapprochent même, mais qui néanmoins restent creuses et ne font que multiplier les plus étranges malentendus, sont fréquentes dans toutes les écoles philosophiques. Nous venons d'en donner un exemple. En voici un autre : une définition de la science que les positivistes qui s'en servent et semblent s'en faire un mérite auraient pourtant tout avantage à modifier. « La science, déclare cette formule, est un *système de corrélations*, non *entre des idées*, mais *entre des faits* ». On saisit bien ce que les auteurs de cette définition veulent dire, et on n'est que trop porté à leur donner raison. Mais combien le langage qu'ils emploient laisse à désirer! En vérité, une corrélation entre des faits peut-elle être autre chose qu'une idée? La science est donc, de toute manière, un *système d'idées* ou de con-

cepts, et c'est pour cela ou ainsi qu'elle devient un jour un *système de lois* naturelles.

11 (p. 68). Certains auteurs vont très loin dans la voie que nous venons de critiquer. « Non seulement, disent-ils, les mœurs sont indépendantes de la morale qui dépend d'elles, mais elles sont encore indépendantes de la logique », en ce sens « qu'elles échappent à tout effort de déduction..., qu'il n'est pas plus possible de les déduire de l'ensemble de l'expérience qu'il n'est possible de les déduire d'un *à priori* dogmatique. » (V. l'article de M. J. de Gaultier in *Revue Philos.*, octobre 1907).

La science des mœurs, nous explique-t-on à ce propos, même parvenue à son point extrême de perfection, ne saurait « réussir à définir en termes essentiels la notion du Bien, ou à fixer les contours et les règles d'une morale unique, à instaurer le règne d'une morale universelle, de la Morale ». Et à cette question plutôt inattendue : « les faits moraux sont-ils des faits sociaux, et les faits sociaux, en général, peuvent-ils faire l'objet d'une science proprement dite, ou un élément de contingence toujours renouvelé et irréductible s'oppose-t-il à la constitution d'une telle science », — on n'hésite pas un seul instant à répondre dans le sens de la seconde alternative. Mais alors — grands dieux ! — pourquoi s'occuper de sociologie et quelle signification attache-t-on à ce terme ?

12 (p. 69). On nous permettra de rappeler ici ce que nous disions il y a quatre ans sur le même sujet. C'est au sociologue roumain M. Draghicesco que le monde savant est redevable d'une des plus profondes et des plus fines interprétations de la thèse néopositiviste généralement connue sous le nom de *théorie bio-sociale* (et aussi bien du corollaire de cette théorie affirmant que la *sociologie est la science fondamentale de l'esprit*). La théorie bio-sociale, déclare en substance M. Draghicesco, opère dans le domaine des sciences morales une révolution analogue en tous points à celle que subirent, il y a des siècles, les sciences de la nature extérieure. Ce changement consiste en ceci : au lieu

de faire dériver les lois des choses (ou leurs rapports essentiels) de la connaissance de la nature intime de ces choses, il faut, dorénavant, suivre la marche inverse, faire dériver la nature des choses de leurs rapports, de leurs lois; ou plus exactement encore, faire consister la nature des choses dans leurs rapports mutuels. En particulier, au lieu de tirer les lois sociales, les rapports nécessaires entre individus, de l'observation ou de l'étude de la nature des individus considérés comme autant d'éléments ultimes, il faut désormais tirer la nature profonde des individus, leur *psychologie*, des rapports nécessaires qui s'établissent entre les cerveaux, entre les énergies psychiques individuelles. La théorie bio-sociale se convertit nécessairement en méthode de recherche et de découverte; elle provoque un rapprochement aussi inattendu que fécond entre les sciences du monde surorganique d'une part et les sciences de la vie et de la matière de l'autre. En effet, depuis qu'elles se sont constituées sur une base scientifique, ces deux dernières catégories de connaissances visent directement et d'une façon exclusive aux rapports des phénomènes, aux lois qui les régissent. Elles ne cherchent plus, comme elles le firent tant qu'elles n'eurent pas dépassé l'empirisme initial, à expliquer les rapports des choses par leur nature intime, ce qui est le propre de toute méthode théologique et métaphysique; elles paraissent même ignorer totalement cette nature. Et c'est sans doute cette « ignorance » que l'esprit critique de Kant, préparé par son commerce avec Locke et Hume, constata avec une richesse de développements logiques qui lui valurent l'admiration du monde et le titre de premier apôtre, sinon de fondateur, de la religion nouvelle, l'agnosticisme. Kant s'égara dans l'obscure forêt des subtilités, des futiles distinctions métaphysiques; et malgré le bruit énorme qui se fit autour de sa prétendue découverte (lui-même la comparait à celle de Copernic), ni lui, ni ses successeurs ne comprirent le sens profond et la portée exacte de la méthode adoptée par les sciences de la nature. A l'ancienne et vénérable erreur des religions et des métaphysiques, — la recherche directe de l'essence des choses, on opposa une fin de non-recevoir, un simple acte d'abstention. On l'accompagna d'un *nostra culpa* rétrospectif et on le fit suivre par un vœu choquant d'humilité future : *Ignorabimus!* On n'aperçut pas ce fait pourtant considérable et qui sautait aux yeux : que les sciences de la nature, loin de renoncer au but poursuivi depuis un temps immémorial, avaient seulement changé de tactique. Au lieu d'assaillir de front l'ennemi, les disciplines exactes le tournèrent, l'enveloppèrent de toutes parts. Elles n'entendent, dorénavant, s'attaquer d'une façon immédiate qu'aux rapports des choses entre elles. Mais — ô miracle! il apparaît de plus en plus qu'en nous faisant connaître ces rapports, elles nous font aussi bien saisir l'essence profonde des choses elles-mêmes. Toutes les sciences exactes proclament hautement cette vérité : c'est la nature intégrale des choses qui est le composé, le dérivé, et ce sont leurs rapports différentiels qui constituent le simple, le fondamental, l'élémentaire. La nature des choses n'est que la synthèse — rarement complète, le plus souvent partielle — des rapports des choses (*Sociologie de l'Action*, p. 113-115).

13 (p. 73). Quand nous affirmons : a est la cause, et b est l'effet, nous constatons seulement que a précède b dans le temps mesurable (ou dans le temps extra-rapide nommé espace); mais nous ne pouvons pas, sans contradiction logique, affirmer du même a qu'il suit le même b tout en le précédant. Aussi les notions de cause et d'effet, « superflues » peut-être dans les considérations mathématiques extratemporelles (où elles se remplacent avantageusement par la notion de fonction et les équations différentielles qu'on tâche de réduire à des équations à variable unique), conservent-elles toute leur valeur dans les sciences des phénomènes plus complexes.

14 (p. 79). Si par sa thèse des idées-forces (et aussi bien des sentiments-forces) M. Fouillée entend cela, et rien que cela — mais j'avoue ne pas en être absolument convaincu — il demeure dans les limites de la vérité expérimentale la plus certaine. On ne doit jamais opposer les forces de la nature surorganique aux forces de la nature en général.

Les premières ne sont qu'une transformation *sui generis*, une manifestation très spéciale des secondes. La *force savante* ne change jamais les rapports abstraits ou essentiels des choses, elle modifie et diversifie uniquement leurs rapports concrets, leurs positions respectives dans le temps, l'espace et les divers milieux ambiants. Quand je tourne le commutateur pour m'éclairer, je ne modifie pas les lois de l'électricité, j'y obéis au contraire ; mais en rétablissant le courant interrompu, je change la situation de certains objets concrets vis-à-vis de certains autres tout aussi concrets. Mon « action savante » (ma volonté guidée par ma connaissance), est une force surorganique qui intervient, comme aurait pu le faire mon « action ignorante » (autre force surorganique à laquelle nous donnons le nom de « hasard ») dans le jeu concret des forces organiques et des forces inorganiques, sans jamais abolir ces forces ou porter atteinte à leurs lois (rapports abstraits des choses).

En d'autres termes et en un mot, les forces surorganiques ne font que constater *expérimentalement* les lois des forces organiques et inorganiques. Et ce constat épuise la force surorganique, il est sa *loi suprême*.

Ici se pose spontanément le problème de la causalité universelle. Dans l'état présent de nos sciences, les diverses hypothèses par lesquelles les philosophes essayèrent de résoudre cette grave question demeurent encore invérifiées ; mais on ne saurait les traiter d'invérifiables si l'on songe aux études si productives qui se poursuivent actuellement, soit sur les confins qui séparent la chimie de la biologie, soit sur la ligne-frontière entre la psychophysique et la sociologie. Est-ce le monde inorganique qui produisit le monde de la vie ou n'est-ce pas, inversement, selon la supposition de Fechner (qui lui fut suggérée par la faillite des théories sur la « génération spontanée »), la matière organisée qui est primaire, qui toujours finit par se transformer en matière inorganique plus stable ? Et d'autre part, est-ce le monde organique qui donna naissance au monde surorganique, ou n'est-ce pas, inversement, selon l'ancienne hypothèse idéaliste, la raison qui est primaire et qui, se décomposant, se transforme en matière organique plus

10.

simple? Négative ou positive, la vérification de l'une quelconque de ces hypothèses fera faire un pas considérable en avant à toutes les sciences et à la philosophie qui en résulte; mais elle n'entraînera aucun changement dans nos idées sur la causalité et les normes qui la régissent. Et nous devons dire la même chose de la conception moniste actuelle qui fait émerger, d'une façon encore inconnue mais essentiellement connaissable, la vie du tréfonds des énergies physico-chimiques, et la raison du tréfonds des énergies organiques. Nous partageons entièrement à cet égard les vues exprimées par Mach (dans le 17° chap. de son livre sur la *Connaissance et l'Erreur*). « La chimie et la physique, dit-il, sont encore, il est vrai, bien loin de nous faire comprendre les êtres organisés; mais elles ont déjà fait beaucoup dans ce sens et font tous les jours davantage. Pasteur tenait encore tous les ferments pour organisés: nous savons aujourd'hui qu'on rencontre dans le domaine de la matière inorganisée des actions catalytiques analogues aux actions des ferments... Reportons-nous à un état de civilisation où on ne connaissait encore que très peu le feu, où on savait bien l'éteindre, mais non l'allumer, et où l'on savait utiliser le feu trouvé dans la nature. On disait alors avec raison : le feu ne peut naître que du feu. Nous sommes aujourd'hui mieux renseignés. »

15 (p. 83). Certes, les méthodes d'exploration et de découverte employées par l'esprit forment elles-mêmes un objet de connaissance. Ce savoir, comme tous les autres, s'est accru, s'est perfectionné à l'usage; et sûrement, les penseurs et les logiciens des trois derniers siècles ont noté à cet égard maint détail intéressant. Ils ont, sans aucun doute, enrichi notre savoir méthodologique. Il serait cependant inadmissible d'en déduire que les anciens ou les hommes du moyen-âge ne se servirent point — ne fût-ce que d'une façon pratique et sans en avoir pénétré la théorie — des méthodes de concordance, de différence, des variations concomitantes ou des résidus, par exemple, que Mill est venu si clairement expliquer à ses contemporains. Ce n'est pas la méthode inductive et expérimentale qui, de tout temps,

s'élaborait dans les meilleures officines logiques, mais seulement la connaissance de cette méthode qui s'y affinait et y enregistrait les perfectionnements techniques apportés à l'induction et à l'expérimentation par leur usage indéfiniment répété dans les diverses sciences. Les découvertes les plus disparates et souvent les plus contradictoires sont dues à l'emploi de la même méthode : par exemple, la découverte de Dieu ou de sa différence fondamentale avec l'univers et, plus tard, celle de l'identité essentielle de ces deux termes ; ou encore, la découverte de l'âme distincte de la vie et de la société, et ensuite celle de son identité foncière avec le phénomène bio-social (ou psychologique). C'est l'expérience — l'observation des faits et l'expérimentation sur les données ainsi acquises — qui amena les anciens à former les concepts du solide et du liquide, du sec et de l'humide, du chaud et du froid, des quatre éléments, etc., analyses grossières et naïves sans l'aide desquelles l'esprit humain n'aurait pourtant jamais pu s'élever aux idées de plus en plus abstraites qui de nos jours résument les faits physiques et constituent les termes des rapports qu'on appelle les lois physiques. Qui sait, d'ailleurs, si notre science actuelle ne produira pas sur des époques encore éloignées la même impression de vacuité verbale que celle ressentie par nous aujourd'hui, lorsque nous considérons, par exemple, le savoir des vieux Ioniens ? L'humanité ne ressemble-t-elle pas sous ce rapport au voyageur qui, ayant parcouru un nombre énorme de kilomètres, n'accorderait une réelle importance qu'à sa dernière étape ? Les dix lieues finales, voilà, à son gré, de l' « investigation objective » ; quant aux dix mille premières, ce n'est que de la « spéculation sur des concepts vides ».

En somme, la principale condition déterminante du progrès des sciences doit être cherchée bien plus dans leurs rapports entre elles et leurs rapports avec les autres formes de la pensée sociale, avec la philosophie, l'art et l'activité technique, que dans les méthodes — au fond toujours les mêmes — que ces disciplines utilisent. En effet, quelle sorte de découvertes eussent été possibles en chimie sans le secours de la physique, ou en dehors de la connaissance des propriétés les plus générales des corps? Et quelles déceptions inévitables n'eût pas apporté la plus parfaite application des plus probantes méthodes scientifiques au savoir social d'une époque restée ignorante du premier mot des lois de la vie?

Quand on affirme que ce qui a surtout manqué aux anciens pour constituer une science morale ou sociale, c'est une méthode inductive rigoureuse remplaçant une dialectique de pure forme, on prend l'effet pour la cause, on raisonne « symptomatiquement. » Puisque les mathématiques et une physique élémentaire existaient à cette époque, elles devaient, du propre aveu de nos contradicteurs, faire usage des procédés inductifs de recherche, bien connus, d'ailleurs, d'Aristote et déjà hautement appréciés par lui. Ce n'est donc pas la méthode qui faisait défaut, mais le pouvoir de l'appliquer à autre chose qu'à l'examen d'une phénoménalité confuse, chaotique, où aucune analyse préalable n'avait encore séparé l'organique du surorganique, le vital du social ou, pour le moins, du bio-social (du psychologique).

16 (p. 85). D'ailleurs, la conquête de l'abstrait nous laisse en possession du concret, ne diminue en rien la sphère de la connaissance sensible et subjective. Le concept scientifique de mouvement, par exemple, n'altère pas les sensations et les représentations, les images concrètes correspondantes, ni les notions de moins en moins abstraites qui le préparèrent et le rendirent possible. Il en est ainsi dans tous les domaines du savoir. La sociologie, qu'on l'identifie ou non avec la morale, ne forme pas d'exception. Ici encore, la connaissance conceptuelle et objective, par l'abstrait et le général, complète et éclaire, mais n'abolit pas la connaissance inférieure, sensible et subjective.

17 (p. 89). On nous excusera de citer à ce même propos ce que nous disions dans notre *Sociologie de l'Action* : « Certes, il en est de la socialité (ou du psychisme social, de l'interaction mentale, de la raison) comme de la vie ou

du mouvement. Tous ces termes ne servent qu'à désigner ou dénommer, d'une façon générale et abstraite, les phénomènes correspondants. Et ce qu'il faut atteindre, découvrir et constater derrière ces phénomènes, ce sont les lois qui les gouvernent. Ce n'est pas en rattachant la multiplicité des faits biologiques à la vie ou la multiplicité des faits sociaux à la socialité comme à leur cause ultime, c'est-à-dire en unifiant ces divers phénomènes en autant de groupes distincts, qu'on transforme le mouvement, la vie ou la socialité en une série d'entités métaphysiques. Un pareil résultat ne se pourrait prévoir que si, après avoir fait le premier pas, on refusait d'en faire un second, un troisième et ainsi de suite. L' « entitéisme », l'abstraction verbale consiste en ce piétinement sur place. Et il n'y a de véritable entitéisme que lorsque les uns sont allés plus loin et les autres ont renoncé à les suivre. Tel est précisément le cas des psychosociologues modernes. Ils nous accusent de vouloir introduire dans la science une entité nouvelle, inédite. Admettons qu'ils n'aient pas tout à fait tort. Mais pourquoi omettent-ils de dire que nous leur reprochons de vouloir conserver, *per fas et nefas*, l'idole antique, l'abstraction grossière des époques d'ignorance; et que notre entité ou notre généralisation abstraite, encore nécessairement entachée de verbalisme, vient simplement détrôner la leur, qu'elle ne saurait avoir d'autre mission, d'autre raison d'être? Nous comprenons encore moins comment ceux qui nous conseillent d'une façon si sage d'analyser séparément les faits économiques, politiques, scientifiques, esthétiques, etc., de ne pas les confondre sous peine d'en rendre toute étude impossible, en un mot, de suivre le précepte de Descartes : « diviser la difficulté en autant de parcelles qu'il se peut et qu'il est requis pour la mieux résoudre », — comment ceux-là mêmes objectent à la stricte séparation entre le groupe des faits sociaux et celui des faits biologiques? Cette séparation pourtant ne peut s'opérer que sous le signe de ces deux abstractions : la socialité et la vie » (p. 144).

TABLE DES MATIÈRES

Chapitre I. — Introduction		1
— II. — Les Thèses néopositivistes		9
— III. — Les Concepts de la Raison		35
— IV. — Les Lois de l'Univers		51
— V. — Conclusion		77
Appendice. — Énergétique et Sociologie		91
Notes. —		163

LIBRAIRIE FÉLIX ALCAN
MAISONS FÉLIX ALCAN ET GUILLAUMIN RÉUNIES

EXTRAIT DU CATALOGUE

SCIENCES — MÉDECINE — HISTOIRE — PHILOSOPHIE
ÉCONOMIE POLITIQUE — STATISTIQUE — FINANCES

TABLE DES MATIÈRES

Bibliothèque scientifique internationale.	2
Nouvelle collection scientifique.	4
Collection médicale.	5
Pathologie et thérapeutique médicale.	7
Pathologie et thérapeutique chirurgicales.	9
Thérapeutique. — Pharmacie. — Hygiène.	10
Anatomie. — Physiologie.	10
Bibliothèque générale des Sciences sociales.	12
Les Maîtres de la Musique.	13
Bibliothèque d'histoire contemporaine.	14
Bibliothèque utile.	18
Bibliothèque de philosophie contemporaine, format in-18.	20
Bibliothèque de philosophie contemporaine, format in-8.	23
Collection des principaux économistes.	29
Collection des économistes et publicistes contemporains.	30
Bibliothèque des Sciences morales et politiques.	31
Collection d'auteurs étrangers contemporains.	33
Petite bibliothèque économique.	34
Publications périodiques.	35

PARIS
108, BOULEVARD SAINT-GERMAIN, 108 (6ᵉ)

JANVIER 1911

BIBLIOTHÈQUE SCIENTIFIQUE INTERNATIONALE

Volumes in-8, cartonnés à l'anglaise.

Derniers volumes publiés :

CUÉNOT (L.). La genèse des espèces animales, illustré. 12 fr.
LE DANTEC (Félix). La stabilité de la vie. 6 fr.
ROUBINOVITCH (Dr J.). Aliénés et anormaux, illustré. 6 fr.

Précédemment parus :

Sauf indication spéciale, tous ces volumes se vendent 6 francs.

ANGOT. Les aurores polaires, illustré.
ARLOING. Les virus, illustré.
BAGEHOT. Lois scientifiques du développement des nations. 7e édition.
BAIN (Alex.). L'esprit et le corps, 6e édition.
— La science de l'éducation, 11e édition.
BENEDEN (Van). Les commensaux et les parasites dans le règne animal, 4e édition, illustré.
BERNSTEIN. Les sens, 5e édition, illustré.
BERTHELOT, de l'Institut. La synthèse chimique, 10e éd.
— La révolution chimique, Lavoisier, ill., 2e édition.
BINET. Les altérations de la personnalité, 2e édition.
BINET et FÉRÉ. Le magnétisme animal, 5e éd., illustré.
BLASERNA et HELMHOLTZ. Le son et la musique, 5e éd.
BOURDEAU (L.). Histoire du vêtement et de la parure.
BRUNACHE. Au centre de l'Afrique; autour du Tchad, ill.
CANDOLLE (A. de). Origine des plantes cultivées, 4e édit.
CARTAILHAC. La France préhistorique, 2e éd., illustré.
CHARLTON BASTIAN. Le cerveau et la pensée, 2e éd., 2 vol. illustrés.
— L'évolution de la vie, avec figures dans le texte et 12 planches hors texte.
COLAJANNI. Latins et Anglo-Saxons. 9 fr.
CONSTANTIN (Gal). Le rôle sociologique de la guerre et le sentiment national.
COOKE et BERKELEY. Les champignons, 4e éd., illustré.
COSTANTIN (J.). Les végétaux et les milieux cosmiques (*Adaptation, évolution*), illustré.
— La nature tropicale, illustré.
— Le transformisme appliqué à l'agriculture, illustré.
DAUBRÉE, de l'Institut. Les régions invisibles du globe et des espaces célestes, 2e édition, illustré.
DEMENY (G.). Les bases scientifiques de l'éducation physique, 4e éd., illustré.
— Mécanisme et éducation des mouvements, 4e éd. 9 fr.
DEMOOR, MASSART et VANDERVELDE. L'évolution régressive en biologie et en sociologie, illustré.
DRAPER. Les conflits de la science et de la religion. 12e éd.
DUMONT (Léon). Théorie scientifique de la sensibilité, 4e éd.
GELLÉ (E.-M.). L'audition et ses organes, illustré.

GRASSET (J.). Les maladies de l'orientation et de l'équilibre, illustré.
GROSSE (E.). Les débuts de l'art, illustré.
GUIGNET (E.) et E. GARNIER. La céramique ancienne et moderne, illustré.
HERBERT SPENCER. Introduction à la science sociale, 14e éd.
— Les bases de la morale évolutionniste, 7e édition.
HUXLEY (Th.-H.). L'écrevisse, 2e édition, illustré.
JACCARD. Le pétrole, le bitume et l'asphalte, illustré.
JAVAL. Physiologie de la lecture et de l'écriture, 2e éd. illustré.
LAGRANGE (F.). Physiologie des exercices du corps, 10e éd.
LALOY. Parasitisme et mutualisme dans la nature, ill.
LANESSAN (de). Introduction à la botanique. Le sapin, 2e édit., illustré.
— Principes de colonisation.
LE DANTEC. Théorie nouvelle de la vie, 4e éd., illustré.
— Évolution individuelle et hérédité.
— Les lois naturelles, illustré.
LOEB. La dynamique des phénomènes de la vie, ill.   9 fr.
LUBBOCK. Les sens et l'instinct chez les animaux, ill.
MALMÉJAC. L'eau dans l'alimentation, illustré.
MAUDSLEY. Le crime et la folie, 7e édition.
MEUNIER (Stanislas). La géologie comparée, illustré.
— Géologie expérimentale, 2e éd., illustré.
— La géologie générale, 2e édit., illustré.
MEYER (de). Les organes de la parole, illustré.
MORTILLET (G. de). Formation de la nation française, 2e édition, illustré.
MOSSO. Les exercices physiques et le développement intellectuel.
NIEWENGLOWSKI. La photographie et la photochimie, illust.
NORMAN LOCKYER. L'évolution inorganique, illustré.
PERRIER (Ed.), de l'Institut. La philosophie zoologique avant Darwin, 3e édition.
PETTIGREW. La locomotion chez les animaux, 2e éd., ill.
QUATREFAGES (A. de). L'espèce humaine, 15e édition.
— Darwin et ses précurseurs français, 2e édition.
— Les émules de Darwin, 2 vol.
RICHET (Ch.). La chaleur animale, illustré.
ROCHÉ. La culture des mers en Europe, illustré.
SCHMIDT. Les mammifères dans leurs rapports avec leurs ancêtres géologiques, illustré.
SCHUTZENBERGER, de l'Institut. Les fermentations, 6e édit. illustré.
SECCHI (Le Père). Les étoiles, 3e édit., 2 vol. illustrés.
STALLO. La matière et la physique moderne, 3e édition.
STARCKE. La famille primitive.
STEWART (Balfour). La conservation de l'énergie, 6e éd.
THURSTON. Histoire de la machine à vapeur, 3e éd., 2 vol.
TOPINARD. L'homme dans la nature, illustré.
VRIES (Hugo de). Espèces et variétés, 1 vol.   12 fr.
WHITNEY. La vie du langage, 4e édition.
WURTZ, de l'Institut. La théorie atomique, 8e édition.

FÉLIX ALCAN, ÉDITEUR

NOUVELLE COLLECTION SCIENTIFIQUE

DIRECTEUR : ÉMILE BOREL, professeur à la Sorbonne.

VOLUMES IN-16 A 3 FR. 50 L'UN

Derniers volumes publiés.

L'aviation, par PAUL PAINLEVÉ et ÉMILE BOREL. 4ᵉ édit., revue et augmentée. 1 vol. in-16, avec figures . . . . . 3 fr. 50

La race slave, *statistique, démographie, anthropologie*, par LUBOR NIEDERLE, professeur à l'Université de Prague. Traduit du tchèque et précédé d'une préface par L. LEGER, de l'Institut. 1 vol. in-16, avec une carte en couleurs hors texte. 3 fr. 50

L'évolution des théories géologiques, par STANISLAS MEUNIER, professeur au Muséum d'Histoire naturelle. 1 vol. in-16, avec gravures. . . . . 3 fr. 50

Précédemment parus.

Éléments de philosophie biologique, par F. LE DANTEC, chargé du cours de biologie générale à la Sorbonne. 1 vol. in-16. 2ᵉ éd. . . . . 3 fr. 50

La voix. *Sa culture physiologique. Théorie nouvelle de la phonation*, par le Dʳ P. BONNIER, laryngologiste de la clinique médicale de l'Hôtel-Dieu, 3ᵉ éd. in-16. 3 fr. 50

De la méthode dans les sciences :
1. *Avant-propos*, par M. P.-F. THOMAS, docteur ès lettres, professeur de philosophie au lycée Hoche. — 2. *De la science*, par M. ÉMILE PICARD, de l'Institut. — 3. *Mathématiques pures*, par M. J. TANNERY, de l'Institut. — 4. *Mathématiques appliquées*, par M. PAINLEVÉ, de l'Institut. — 5. *Physique générale*, par M. BOUASSE, professeur à la Faculté des Sciences de Toulouse. — 6. *Chimie*, par M. JOB, professeur au Conservatoire des arts et métiers. — 7. *Morphologie générale*, par M. GIARD, de l'Institut. — 8. *Physiologie*, par M. LE DANTEC, chargé de cours à la Sorbonne. — 9. *Sciences médicales*, par M. PIERRE DELBET, professeur à la Faculté de médecine de Paris. — 10. *Psychologie*, par M. TH. RIBOT, de l'Institut. — 11. *Sciences sociales*, par M. DURKHEIM, professeur à la Sorbonne. — 12. *Morale*, par M. LÉVY-BRUHL, professeur à la Sorbonne. — 13. *Histoire*, par M. G. MONOD, de l'Institut. 2ᵉ éd. 1 vol. in-16. . . . . 3 fr. 50

L'éducation dans la famille. *Les péchés des parents*, par P.-F. THOMAS, professeur. 1 vol. in-16. 3ᵉ édit. . . . 3 fr. 50

La crise du transformisme, par F. LE DANTEC. 2ᵉ éd. 1 vol. in-16. 3 fr. 50

L'énergie, par W. OSTWALD, prof. honoraire à l'Université de Leipzig (prix Nobel de 1909), traduit de l'allemand par E. PHILIPPI, licencié ès sciences. 2ᵉ éd. 1 vol. in-16. 3 fr. 50

Les états physiques de la matière, par CH. MAURAIN, professeur à la Faculté des Sciences de Caen. 2ᵉ édit. 1 vol. in-16, avec figures. . . . . 3 fr. 50

La chimie de la matière vivante, par JACQUES DUCLAUX, préparateur à l'Institut Pasteur. 2ᵉ édit. 1 vol. in-16. 3 fr. 50

COLLECTION MÉDICALE

ÉLÉGANTS VOLUMES IN-12, CARTONNÉS A L'ANGLAISE, A 4 ET A 3 FRANCS

DERNIERS VOLUMES PUBLIÉS :

Manuel de pratique obstétricale à l'usage des sages-femmes, par le D' E. Paquy, avec 107 gravures dans le texte. 4 fr.

Essais de médecine préventive, par le D' P. Londe. 4 fr.

La joie passive, par le D' R. Mionard. Préface du D' G. Dumas. 4 fr.

Guide pratique de puériculture, à l'usage des docteurs en médecine et des sages-femmes, par le D' Deléarde. 4 fr.

PRÉCÉDEMMENT PARUS :

La mimique chez les aliénés, par le D' G. Dromard. 4 fr.

L'amnésie, par les D'' G. Dromard et J. Levassort. 4 fr.

La mélancolie, par le D' R. Masselon, médecin adjoint à l'asile de Clermont. (*Couronné par l'Académie de médecine*). 4 fr.

Essai sur la puberté chez la femme, par M'''' le D' Marthe Francillon, ancien interne des hôpitaux de Paris. 4 fr.

Hygiène de l'alimentation dans l'état de santé et de maladie, par le D' J. Laumonier, avec gravures. 3° éd. 4 fr.

Les nouveaux traitements, par *le même*. 2° édit. 4 fr.

Les embolies bronchiques tuberculeuses, par le D' Ch. Sabourin, médecin du sanatorium de Durtol, avec gravures. 4 fr.

Manuel d'électrothérapie et d'électrodiagnostic, par le D' E. Albert-Weil, avec 88 gravures. 2° éd. 4 fr.

La mort réelle et la mort apparente, diagnostic et traitement de la mort apparente, par le D' S. Icard, avec gravures. 4 fr.

L'hygiène sexuelle et ses conséquences morales, par le D' S. Ribbing, prof. à l'Univ. de Lund (Suède). 3° édit. 4 fr.

Hygiène de l'exercice chez les enfants et les jeunes gens, par le D' F. Lagrange, lauréat de l'Institut. 9° édit. 4 fr.

De l'exercice chez les adultes, par *le même*. 6° édition. 4 fr.

Hygiène des gens nerveux, par le D' Levillain, avec gravures. 5° éd. 4 fr.

L'éducation rationnelle de la volonté, son emploi thérapeutique, par le D' Paul-Emile Lévy. Préface de M. le prof. Bernheim. 8° édition. 4 fr.

L'idiotie. *Psychologie et éducation de l'idiot*, par le D' J. Voisin, médecin de la Salpêtrière, avec gravures. 4 fr.

La famille névropathique, *Hérédité, prédisposition morbide, dégénérescence*, par le Dʳ Ch. Féré, médecin de Bicêtre, avec gravures. 2ᵉ édition. 4 fr.

L'instinct sexuel. *Évolution, dissolution*, par le même. 2ᵉ éd. 4 fr.

Le traitement des aliénés dans les familles, par le même. 3ᵉ édition. 4 fr.

L'hystérie et son traitement, par le Dʳ Paul Sollier. 4 fr.

Manuel de psychiatrie, par le Dʳ J. Roques de Fursac, ancien chef de clinique à la Faculté de Paris. 3ᵉ éd. 4 fr.

L'éducation physique de la jeunesse, par A. Mosso, professeur à l'Univers. de Turin. Préface du commandant Legros. 4 fr.

Manuel de percussion et d'auscultation, par le Dʳ P. Simon, professeur à la Faculté de médecine de Nancy, avec grav. 4 fr.

Morphinisme et Morphinomanie, par le Dʳ Paul Rodet. (*Couronné par l'Académie de médecine.*) 4 fr.

La fatigue et l'entraînement physique, par le Dʳ Ph. Tissié. avec gravures. Préface de M. le prof. Bouchard. 3ᵉ édition. 4 fr.

Les maladies de la vessie et de l'urèthre chez la femme, par le Dʳ Kolischer ; trad. de l'allemand par le Dʳ Beuttner, de Genève ; avec gravures. 4 fr.

Grossesse et accouchement, *Étude de socio-biologie et de médecine légale* par le Dʳ G. Morache, professeur de médecine légale à l'Université de Bordeaux. 4 fr.

Naissance et mort, *Étude de socio-biologie et de médecine légale*, par le même. 4 fr.

La responsabilité, *Étude de socio-biologie et de médecine légale*, par le Dʳ G. Morache, prof. de médecine légale à l'Université de Bordeaux, associé de l'Académie de médecine. 4 fr.

Traité de l'intubation du larynx de l'enfant et de l'adulte, *dans les sténoses laryngées aiguës et chroniques*, par le Dʳ A. Bonain, avec 42 gravures. 4 fr.

Pratique de la chirurgie courante, par le Dʳ M. Cornet, Préface du Pʳ Ollier, avec 111 gravures. 4 fr.

Dans la même collection :

COURS DE MÉDECINE OPÉRATOIRE
de M. le Professeur Félix Terrier :

Petit manuel d'antisepsie et d'asepsie chirurgicales, par les Dʳˢ Félix Terrier, professeur à la Faculté de médecine de Paris, et M. Péraire, ancien interne des hôpitaux, avec grav. 3 fr.

Petit manuel d'anesthésie chirurgicale, par *les mêmes*, avec 37 gravures. 3 fr.

L'opération du trépan, par *les mêmes*, avec 222 grav. 4 fr.

Chirurgie de la face, par les Dʳˢ Félix Terrier, Guillemain et Malherbe, avec gravures. 4 fr.

Chirurgie du cou, par *les mêmes*, avec gravures. 4 fr.

Chirurgie du cœur et du péricarde, par les Dʳˢ Félix Terrier et E. Reymond, avec 79 gravures. 3 fr.

Chirurgie de la plèvre et du poumon, par *les mêmes*, avec 67 gravures. 4 fr.

MÉDECINE

Dernières publications :

HARTENBERG (D' F.). **L'Hystérie et les hystériques**. 1 vol. in-16. 3 fr. 50

JANET (D' Pierre). **L'État mental des hystériques**. 2ᵉ édition. 1 vol. in-8, avec gravures dans le texte. 18 fr.

LEGUEU (Prof. F.). **Traité chirurgical d'urologie**. Préface de M. le Prof. Guyon. 1 fort vol. gr. in-8 de viii-1332 p., avec 663 grav. dans le texte et 8 pl. en couleurs hors texte, cartonné à l'angl. 40 fr.

LÉVY (D' P.-E.). **Neurasthénie et névroses**. *Leur guérison définitive en cure libre*. 2ᵉ édit. 1 vol. in-16. 5 fr.

MARIE (D' A.). **Traité international de psychologie pathologique**. Tome I : *Psychopathologie générale*, par MM. les Prof. Grasset, Del Greco, D' A. Marie, Prof. Mally, Mingazzini, D'* Dide, Klippel, Levaditi, Lugaro Marinesco, Médéa, L. Lavastine, Prof. Marro, Clouston, Bechterew, Ferrari, Prof. Carrarra. 1 vol. gr. in-8, avec 353 gr. dans le texte. 25 fr.

    Tome II : *Psychopathologie clinique*, par MM. les Pʳˢ Bagenoff, Bechterew, D'* Colin, Capgras, Deny, Hesnard, Lhermitte, Magnan, A. Marie, Pʳˢ Pick, Pilcz, D'* Riche, Roubinovitch, Sérieux, Sollier, Pʳ Ziehen. 1 vol. gr. in-8, avec 341 gr. 25 fr.

    Tome III terminant l'ouvrage. (*Sous presse*).

MONOD (Pʳ Ch.) et VANVERTS (J.). **Chirurgie des artères**, *Rapport au XXIIᵉ Congrès de chirurgie*. 1 vol. in-8. 2 fr.

REVERDIN (Pʳ J.-L.). **Leçons de chirurgie de guerre**. *Des blessures faites par les balles des fusils*. Préface de H. Nimier. 1 vol. in-8, avec 7 pl. en phototypie hors texte. 7 fr. 50

STEWART (D' Pierre). **Le diagnostic des maladies nerveuses**. Traduction et adaptation française, par le D' Gustave Scherb. Préface de M. le D' E. Helme. 1 vol. in-8 avec 208 fig. et diagrammes. 15 fr.

PRÉCÉDEMMENT PARUS :

Pathologie et thérapeutique médicales.

BERGER et LOEWY. **Les troubles oculaires d'origine génitale chez la femme**. 1 vol. in-18. 3 fr. 50

CAMUS et PAGNIEZ. **Isolement et psychothérapie**. *Traitement de la neurasthénie*. Préface du Pʳ Déjerine. 1 vol. gr. in-8. 9 fr.

CORNIL (V.), RANVIER, BRAULT et LETULLE. **Manuel d'histologie pathologique**. 3ᵉ édition entièrement remaniée.

    Tome I, par MM. Ranvier, Cornil, Brault, F. Bezançon et M. Cazin. — *Histologie normale. — Cellules et tissus normaux. — Généralités sur l'histologie pathologique. — Altération des cellules et des tissus. — Inflammations. — Tumeurs. — Notions sur les bactéries. — Maladies des systèmes et des tissus. — Altérations du tissu conjonctif*. 1 vol. in-8, avec 387 gravures en noir et en couleurs. 25 fr.

    Tome II, par MM. Durante, Jolly, Dominici, Gombault et Philippe. — *Muscles. — Sang et hématopoïèse. — Généralités sur le système nerveux*. 1 vol. in-8, avec 273 grav. en noir et en couleurs. 25 fr.

Tome III, par MM. Gombault, Nageotte, A. Riche, R. Marie, Durante, Legry, F. Bezançon. — *Cerveau*. — *Moelle*. — *Nerfs*. — *Cœur*. — *Larynx*. — *Ganglion lymphatique*. — *Rate*. 1 vol. in-8, avec 382 grav. en noir et en couleurs. 35 fr.

Tome IV et dernier, par MM. Milian, Dieulafé, Herpin, Decloux, Chitzmann, Courcoux, Brault, Legry, Hallé, Klippel et Lefas. — *Poumon*. — *Bouche*. — *Tube digestif*. — *Estomac*. — *Intestin*. — *Foie*. — *Rein*. — *Vessie et urèthre*. — *Rate*. (*Sous presse*).

DESCHAMPS (A.). **Les maladies de l'énergie**. Les asthénies générales. *Épuisements, insuffisances, inhibitions*. (Clinique et Thérapeutique). Préface de M. le professeur Raymond. 1 vol. in-8. 2ᵉ édit. 8 fr. (*Couronné par l'Académie de médecine*).

FÉRÉ (Ch.). **Les épilepsies et les épileptiques**. 1 vol. gr. in-8, avec 12 planches hors texte et 67 grav. dans le texte. 20 fr.
— **La pathologie des émotions**. 1 vol. in-8. 12 fr.

FINGER (E.). **La syphilis et les maladies vénériennes**. Trad. de l'allemand avec notes par les docteurs Spillmann et Doyon. 3ᵉ édit. 1 vol. in-8, avec 8 planches hors texte. 12 fr.

FLEURY (Maurice de), de l'Académie de médecine. **Introduction à la médecine de l'esprit**. 8ᵉ édit. 1 vol. in-8. 7 fr. 50. (*Couronné par l'Académie française et par l'Académie de médecine*.)
— **Les grands symptômes neurasthéniques**. 4ᵉ édition, revue. 1 vol. in-8. (*Couronné par l'Académie des sciences*.) 7 fr. 50
— **Manuel pour l'étude des maladies du système nerveux**. 1 vol. gr. in-8, avec 132 grav. en noir et en couleurs, cart. à l'angl. 25 fr.

FRENKEL (H. S.). **L'ataxie tabétique**. *Ses origines, son traitement*. Préface de M. le Prof. Raymond. 1 vol. in-8. 8 fr.

GRASSET. **Les maladies de l'orientation et de l'équilibre**. 1 vol. in-8, cart. à l'angl. 6 fr.
— **Demifous et demiresponsables**. 2ᵉ édition. 1 vol. in-8. 5 fr.

GUÉPIN. **Traitement de l'hypertrophie sénile de la prostate**. 1 vol. in-18. 4 fr. 50

HARTENBERG (P.). **Psychologie des neurasthéniques**. 2ᵉ édition. 1 vol. in-16. 3 fr. 50

JANET (P.) et RAYMOND (F.). **Névroses et idées fixes**.
Tome I. — *Études expérimentales*, par P. Janet. 2ᵉ éd. 1 vol. gr. in-8 avec 68 gr. 12 fr.
Tome II. — *Fragments des leçons cliniques*, par F. Raymond et P. Janet. 2ᵉ éd. 1 vol. grand in-8, avec 97 gravures. 14 fr.
(*Couronné par l'Académie des Sciences et par l'Académie de médecine*.)

JANET (P.) et RAYMOND (F.). **Les obsessions et la psychasthénie**.
Tome I. — *Études cliniques et expérimentales*, par P. Janet. 2ᵉ édit. 1 vol. gr. in-8, avec grav. dans le texte. 18 fr.
Tome II. — *Fragments des leçons cliniques*, par F. Raymond et P. Janet. 1 vol. in-8 raisin, avec 22 gravures dans le texte. 14 fr.

JOFFROY (le prof.) et DUPOUY. **Fugues et vagabondage**. 1 vol. in-8. 7 fr.

LABADIE-LAGRAVE et LEGUEU. **Traité médico-chirurgical de gynécologie**. 3ᵉ édition entièrement remaniée. 1 vol. grand in-8, avec nombreuses fig., cart. à l'angl. 25 fr.

LAGRANGE (F.). **Les mouvements méthodiques et la « mécanothérapie »**. 1 vol. in-8, avec 55 gravures dans le texte. 10 fr.
— **La médication par l'exercice**. 1 vol. gr. in-8, avec 68 grav. et une planche en couleurs hors texte. 2ᵉ éd. 12 fr.
— **Le traitement des affections du cœur par l'exercice et le mouvement**. 1 vol. in-8 avec figures. 6 fr.

LE DANTEC (F.). **Introduction à la pathologie générale**. 1 fort vol. gr. in-8. 15 fr.

LÉPINE (le prof. R.). **Le Diabète sucré**. 1 vol. gr. in-8. 16 fr.

MÉDECINE ET SCIENCES

MARVAUD (A.). **Les maladies du soldat.** 1 vol. grand in-8. (*Ouvrage couronné par l'Académie des sciences.*) 20 fr.

MOSSÉ. **Le diabète et l'alimentation aux pommes de terre.** 1 vol. in-8. 5 fr.

SÉRIEUX et CAPGRAS. **Les folies raisonnantes.** 1 vol. in-8. 7 fr.

SOLLIER (P.). **Genèse et nature de l'hystérie.** 2 vol. in-8. 20 fr.

UNNA. **Thérapeutique des maladies de la peau.** Traduit de l'allemand par les Drs Doyon et Spillmann. 1 vol. gr. in-8. 8 fr.

VOISIN (J.). **L'épilepsie.** 1 vol. in-8. 6 fr.

Pathologie et thérapeutique chirurgicales.

CORNIL (le prof. V.). **Les tumeurs du sein.** 1 vol. gr. in-8, avec 160 fig. dans le texte. 12 fr.

DE BOVIS. **Le cancer du gros intestin.** 1 volume in-8. 5 fr.

DELORME. **Traité de chirurgie de guerre.** 2 vol. gr. in-8. Tome I, 16 fr. — Tome II, 20 fr. (*Ouvrage couronné par l'Académie des sciences.*)

DURET (H.). **Les tumeurs de l'encéphale.** *Manifestations et chirurgie.* 1 fort vol. gr. in-8, avec 300 figures. 20 fr.

ESTOR (le prof.) **Guide pratique de chirurgie infantile.** 1 vol. in-8, avec 165 gravures. 2e édition, revue et augmentée. 8 fr.

HENNEQUIN ET LOEWY. **Les luxations des grandes articulations, leur traitement pratique.** 1 vol. gr. in-8, avec 125 grav. dans le texte. 16 fr.

LEGUEU. **Leçons de clinique chirurgicale** (Hôtel-Dieu, 1901). 1 vol. grand in-8, avec 71 gravures dans le texte. 12 fr.

LIEBREICH. **Atlas d'ophtalmoscopie,** représentant l'état normal et les modifications pathologiques du fond de l'œil vues à l'ophtalmoscope. 3e éd. Atlas in-f° de 12 pl. en coul. et texte explicatif. 40 fr.

NIMIER (H.). **Blessures du crâne et de l'encéphale par coup de feu.** 1 vol. in-8, avec 150 fig. 15 fr.

NIMIER (H.) ET DESPAGNET. **Traité élémentaire d'ophtalmologie.** 1 fort vol. gr. in-8, avec 432 gravures. Cart. à l'angl. 20 fr.

NIMIER (H.) ET LAVAL. **Les projectiles de guerre** et leur action vulnérante. 1 vol. in-12, avec grav. 3 fr.

— **Les explosifs, les poudres, les projectiles d'exercice,** leur action et leurs effets vulnérants. 1 vol. in-12, avec grav. 3 fr.

— **Les armes blanches,** leur action et leurs effets vulnérants. 1 vol. in-12, avec grav. 6 fr.

— **De l'infection en chirurgie d'armée,** évolution des blessures de guerre. 1 vol. in-12, avec grav. 6 fr.

— **Traitement des blessures de guerre.** 1 fort vol. in-12, avec gravures. 5 fr.

F. TERRIER ET M. PÉRAIRE. **Manuel de petite chirurgie.** 8e édition, entièrement refondue. 1 fort vol. in-12, avec 572 fig., cartonné à l'anglaise. 8 fr.

— et AUVRAY (M.). **Chirurgie du foie et des voies biliaires.** — Tome I. *Traumatismes du foie et des voies biliaires. — Foie mobile. — Tumeurs du foie et des voies biliaires.* 1901. 1 vol. gr. in-8, avec 50 gravures. 10 fr.

Tome II. *Echinococcose hydatique commune. — Kystes alvéolaires. — Suppurations hépatiques. — Abcès tuberculeux intra-hépatique. — Abcès de l'actinomycose.* 1907. 1 vol. gr. in-8, avec 47 gravures. 12 fr.

Thérapeutique. Pharmacie. Hygiène.

BOSSU. **Petit compendium médical**. 6ᵉ édit. in-32, cart. 1 fr. 25

BOUCHARDAT. **Nouveau formulaire magistral**. 31ᵉ édition. *Collationnée avec le Codex de 1908*. 1 vol. in-18, cart. 4 fr.

BOUCHARDAT et DESOUBRY. **Formulaire vétérinaire**, 6ᵉ édit. 1 vol. in-18, cartonné. 4 fr.

BOUCHUT et DESPRÉS. **Dictionnaire de médecine et de thérapeutique médicale et chirurgicale**, comprenant le résumé de la médecine et de la chirurgie, les indications thérapeutiques de chaque maladie, la médecine opératoire, les accouchements, l'oculistique, l'odontotechnie, les maladies d'oreilles, l'électrisation, la matière médicale, les eaux minérales, et un formulaire spécial pour chaque maladie, mis au courant de la science par les Dʳˢ MARION et F. BOUCHUT. 7ᵉ édition, très augmentée, 1 vol. in-4, avec 1097 fig. dans le texte et 3 cartes. Broché, 25 fr. ; relié. 30 fr.

BOURGEOIS (G.). **Exode rural et tuberculose**. 1 vol. gr. in-8. 5 fr.

LAGRANGE (F.). **La médication par l'exercice**. 1 vol. grand in-8, avec 68 grav. et une carte en couleurs. 2ᵉ éd. 12 fr.
— **Les mouvements méthodiques et la « mécanothérapie »**. 1 vol. in-8, avec 55 gravures. 10 fr.

LAHOR (Dʳ Cazalis) et Lucien GRAUX. **L'alimentation à bon marché saine et rationnelle**. 1 vol. in-16. 2ᵉ édit. 3 fr. 50
(*Couronné par l'Institut*).

Anatomie. Physiologie.

BELZUNG. **Anatomie et physiologie végétales**. 1 fort volume in-8, avec 1700 gravures. 20 fr.
— **Anatomie et physiologie animales**. 10ᵉ édition revue. 1 fort volume in-8, avec 522 gravures dans le texte, broché, 6 fr. ; cart. 7 fr.

BÉRAUD (B.-J.). **Atlas complet d'anatomie chirurgicale topographique**, composé de 109 planches représentant plus de 200 figures gravées sur acier, avec texte explicatif. 1 fort vol. in-4.
Prix : Fig. noires, relié, 60 fr. — Fig. coloriées, relié, 120 fr.

CHASSEVANT. **Précis de chimie physiologique**. 1 vol. gr. in-8, avec figures. 10 fr.

CORNIL (V.), RANVIER, BRAULT et LETULLE. **Manuel d'histologie pathologique**. 3ᵉ édition entièrement remaniée.
TOME I, par MM. RANVIER, CORNIL, BRAULT, F. BEZANÇON et M. CAZIN. — *Histologie normale. — Cellules et tissus normaux. — Généralités sur l'histologie pathologique. — Altération des cellules et des tissus. — Inflammations. — Tumeurs. — Notions sur les bactéries. — Maladies des systèmes et des tissus. — Altérations du tissu conjonctif.* 1 vol. in-8, avec 387 gravures en noir et en couleurs. 25 fr.
TOME II, par MM. DURANTE, JOLLY, DOMINICI, GOMBAULT et PHILLIPE. — *Muscles. — Sang et hématopoïèse. — Généralités sur le système nerveux.* 1 vol. in-8, avec 278 grav. en noir et en couleurs. 25 fr.
TOME III, par MM. GOMBAULT, NAGEOTTE, A. RICHE, R. MARIE, DURANTE, LEGRY, F. BEZANÇON. — *Cerveau. — Moelle. — Nerfs. — Cœur. — Larynx. — Ganglion lymphatique. — Rate.* 1 vol. in-8, avec 382 grav. en noir et en couleurs. 35 fr.
TOME IV ET DERNIER, par MM. MILIAN, DIEULAFÉ, HERPIN, DECLOUX, CRITZMANN, COURCOUX, BRAULT, LEGRY, HALLÉ, KLIPPEL et LEFAS. — *Poumon. — Bouche. — Tube digestif. — Estomac. — Intestin. — Foie. — Rein. — Vessie et urèthre. — Rate.* (*Sous presse.*)

CYON (E. DE). **Les nerfs du cœur**. 1 vol. gr. in-8 avec fig. 6 fr.

DEBIERRE. **Traité élémentaire d'anatomie de l'homme.** Ouvrage complet en 2 volumes. (Cour. par l'Acad. des Sciences). 40 fr.
TOME I. *Manuel de l'amphithéâtre.* 1 vol. gr. in-8 de 950 pages, avec 450 figures en noir et en couleurs dans le texte. 20 fr. — TOME II. 1 vol. gr. in-8, avec 515 fig. en noir et en couleurs dans le texte. 20 fr.
— **Atlas d'ostéologie,** comprenant les articulations des os et les insertions musculaires. 1 vol. in-4, avec 253 grav. en noir et en couleurs, cart. toile dorée. 12 fr.
— **Leçons sur le péritoine.** 1 vol. in-8, avec 58 figures. 4 fr.
— **Le cerveau et la moelle épinière.** 1 vol. in-8 illustré. 15 fr.
DEMENY (G.). **Mécanisme et éducation des mouvements.** 3ᵉ éd. 1 vol. in-8, avec grav. cart. 9 fr.
FAU. **Anatomie des formes du corps humain,** à l'usage des peintres et des sculpteurs. 1 atlas in-folio de 25 planches. Prix : Figures noires, 15 fr. — Figures coloriées. 30 fr.
FÉRÉ. **Travail et plaisir.** *Études de psycho-mécanique.* 1 vol. gr. in-8, avec 200 fig. 12 fr.
GELLÉ. **L'audition et ses organes.** 1 vol. in-8, avec grav. 6 fr.
GLEY (E.). **Études de psychologie physiologique et pathologique.** 1 vol. in-8 avec gravures. 5 fr.
JAVAL (E.). **Physiologie de la lecture et de l'écriture.** 1 vol. in-8, 2ᵉ édit. 6 fr.
LE DANTEC. **L'unité dans l'être vivant.** *Essai d'une biologie chimique.* 1 vol. in-8. 7 fr. 50
— **Les limites du connaissable.** *La vie et les phénomènes naturels.* 2ᵉ édit. 1 vol. in-8. 3 fr. 75
— **Traité de biologie.** 1 vol. grand in-8, avec fig., 2ᵉ éd. 15 fr.
PREYER. **Éléments de physiologie générale.** Traduit de l'allemand par M. J. SOURY. 1 vol. in-8. 5 fr.
RICHET (Ch.), professeur à la Faculté de médecine de Paris, **Dictionnaire de physiologie,** publié avec le concours de savants français et étrangers. Formera 12 à 15 volumes grand in-8, se composant chacun de 3 fascicules; chaque volume, 25 fr.; chaque fascicule, 8 fr. 50. Huit volumes parus.
TOME I (*A-Bac*). — TOME II (*Bac-Cer*). — TOME III (*Cer-Cob*). — TOME IV (*Cob-Dig*). — TOME V (*Dig-Fac*). — TOME VI (*Fiam-Gal*). — TOME VII (*Gal-Gra*). — TOME VIII (*Gra-Hys*).
SNELLEN. **Echelle typographique pour mesurer l'acuité de la vision.** 17ᵉ édition. 4 fr.

REVUE DE MÉDECINE

Directeurs: MM. les Professeurs BOUCHARD, de l'Institut; CHAUFFARD, CHAUVEAU, de l'Institut; LANDOUZY; LÉPINE, correspondant de l'Institut; PITRES; ROGER et VAILLARD. Rédacteurs en chef: MM. LANDOUZY et LÉPINE. Secrétaire de la Rédaction : Dʳ JEAN LÉPINE.

REVUE DE CHIRURGIE

Directeurs : MM. les Professeurs E. QUÉNU, PIERRE DELBET, PIERRE DUVAL, A. PONCET, F. LEJARS, F. GROSS, E. FORGUE, A. DESMONS, E. CESTAN. Rédacteur en chef; M. E. QUÉNU. Secrétaire adjoint : Dʳ X. DELORE.

La *Revue de médecine* et la *Revue de chirurgie*, paraissent tous les mois; chaque livraison de la *Revue de médecine* contient de 5 à 6 feuilles grand in-8, avec gravures; chaque livraison de la *Revue de chirurgie* contient de 10 à 14 feuilles grand in-8, avec gravures.

PRIX D'ABONNEMENT :

Pour la Revue de Médecine. Un an, du 1ᵉʳ Janvier, Paris. 20 fr. — Départements et étranger. 23 fr. — La livraison : 2 fr.
Pour la Revue de Chirurgie. Un an, Paris. 30 fr. — Départements et étranger. 33 fr. — La livraison : 3 fr.
Les deux Revues réunies : un an, Paris 45 fr. départ. et étranger. 50 fr.

BIBLIOTHÈQUE GÉNÉRALE
DES SCIENCES SOCIALES

Secrétaire de la rédaction, DICK MAY, Secrét. gén. de l'Éc. des Hautes Études sociales.

Volumes in-8 carré de 300 pages environ, cart. à l'anglaise.
Chaque volume, 6 fr.

Derniers volumes publiés :

La Belgique et le Congo, par E. VANDERVELDE.
Médecine et pédagogie, par MM. le D' ALBERT MATHIEU, le D' GILLET, le D' S. MÉRY, P. MALAPERT, le D' LUCIEN BUTTE, le D' PIERRE RÉGNIER, le D' L. DUFESTEL, le D' LOUIS GUINON, le D' NOBÉCOURT. Préface de M. le D' E. MOSNY, membre du Conseil supérieur d'hygiène.
La lutte contre le crime, par J.-L. DE LANESSAN.

L'individualisation de la peine, par R. SALEILLES, prof. à la Faculté de droit de l'Univ. de Paris, et G. MORIN, doc. 2ª édition.
L'idéalisme social, par EUGÈNE FOURNIÈRE, 2ᵉ édit.
Ouvriers du temps passé (XV° et XVI° siècles), par H. HAUSER, professeur à l'Université de Dijon, 3ᵉ édition.
Les transformations du pouvoir, par G. TARDE, 2ᵉ édit.
Morale sociale, par MM. G. BELOT, MARCEL BERNÈS, BRUNSCHVICG, F. BUISSON, DARLU, DAURIAC, DELBET, CH. GIDE, M. KOVALEVSKY, MALAPERT, le R. P. MAUMUS, DE ROBERTY, G. SOREL, le PASTEUR WAGNER. Préface de M. ÉMILE BOUTROUX, de l'Institut. 2ᵉ édit.
Les enquêtes, *pratique et théorie*, par P. DU MAROUSSEM.
Questions de morale, par MM. BELOT, BERNÈS, F. BUISSON, A. CROISET, DARLU, DELBOS, FOURNIÈRE, MALAPERT, MOCH, D. PARODI, G. SOREL. 2ᵉ édit.
Le développement du catholicisme social, depuis l'encyclique *Rerum Novarum*, par MAX TURMANN. 2ᵉ édit.
Le socialisme sans doctrines, par A. MÉTIN. 2ᵉ édit.
L'éducation morale dans l'Université, par MM. LÉVY-BRUHL, DARLIN, M. BERNÈS, KORTZ, ROCAFORT, BIOCHE, Ph. GIDEL, MALAPERT, BELOT.
La méthode historique appliquée aux sciences sociales, par CH. SEIGNOBOS, professeur à l'Univ. de Paris. 2ᵉ édit.
Assistance sociale. *Pauvres et mendiants*, par PAUL STRAUSS.
L'hygiène sociale, par E. DUCLAUX, de l'Institut.
Le contrat de travail. *Le rôle des syndicats professionnels*, par P. BUREAU, professeur à la Faculté libre de droit de Paris.
Essai d'une philosophie de la solidarité, par MM. DARLU, RAUH, F. BUISSON, GIDE, X. LÉON, LA FONTAINE, É. BOUTROUX.
L'éducation de la démocratie, par MM. E. LAVISSE, A. CROISET, SEIGNOBOS, MALAPERT, LANSON, HADAMARD. 2ᵉ édit.
L'exode rural et le retour aux champs, par E. VANDERVELDE. 2ᵉ édit.

La lutte pour l'existence et l'évolution des sociétés, par J.-L. DE LANESSAN, ancien ministre.

La concurrence sociale et les devoirs sociaux, par LE MÊME.

La démocratie devant la science, par C. BOUGLÉ, chargé de cours à l'Université de Paris. 2ᵉ édit. revue.

L'individualisme anarchiste. *Max Stirner*, par V. BASCH, chargé de cours à l'Université de Paris.

Les applications sociales de la solidarité, par MM. P. BUDIN, CH. GIDE, H. MONOD, PAULET, ROBIN, SIEGFRIED, BROUARDEL.

La paix et l'enseignement pacifiste, par MM. FR. PASSY, CH. RICHET, d'ESTOURNELLES DE CONSTANT, E. BOURGEOIS, A. WEISS, H. LA FONTAINE, G. LYON.

Études sur la philosophie morale au XIXᵉ siècle, par MM. BELOT, A. DARLU, M. BERNÈS, A. LANDRY, CH. GIDE, E. ROBERTY, R. ALLIER, H. LICHTENBERGER, L. BRUNSCHVICG.

Enseignement et démocratie, par MM. A. CROISET, DEVINAT, BOITEL, MILLERAND, APPELL, SEIGNOBOS, LANSON, CH.-V. LANGLOIS.

Religions et sociétés, par MM. TH. REINACH, A. PUECH, R. ALLIER, A. LEROY-BEAULIEU, LE Bᵒⁿ CARRA DE VAUX, H. DREYFUS.

Essais socialistes, *La religion, L'alcoolisme, L'art,* par E. VANDERVELDE, professeur à l'Université nouvelle de Bruxelles.

Le surpeuplement et les habitations à bon marché, par H. TUROT et H. BELLAMY.

L'individu, l'association et l'État, par E. FOURNIÈRE, prof. au Conservatoire des Arts et Métiers.

Les trusts et les syndicats de producteurs, par J. CHASTIN. (*Récompensé par l'Institut*).

Le droit de grève, par MM. CH. GIDE, H. BERTHÉLEMY, P. BUREAU, A. KEUFER, C. PERREAU, CH. PICQUENARD, A.-E. SAYOUS, F. FAGNOT, E. VANDERVELDE.

Morales et religions, par MM. G. BELOT, L. DORISON, AD. LODS, A. CROISET, W. MONOD, E. DE FAYE, A. PUECH, le baron CARRA DE VAUX, E. EHRARDT, H. ALLIER, F. CHALLAYE.

La nation armée, par MM. le général BAZAINE-HAYTER, C. BOUGLÉ, G. BOURGEOIS, Cᵃᵉ BOURGUET, E. BOUTROUX, A. CROISET, G. DEMENY, G. LANSON, L. PINEAU, Cᵃᵉ POTEZ, F. RAUH.

La criminalité dans l'adolescence, par G.-L. DUPRAT. (*Couronné par l'Institut*).

LES MAITRES DE LA MUSIQUE

ÉTUDES D'HISTOIRE ET D'ESTHÉTIQUE

Publiées sous la direction de M. JEAN CHANTAVOINE

Collection honorée d'une souscription du Ministère des Beaux-Arts

Chaque volume in-8 de 250 pages environ, 3 fr. 50

Liste par ordre de publication :

Palestrina, par MICHEL BRENET. 3ᵉ édition.

César Franck, par VINCENT D'INDY. 5ᵉ édit.

J.-S. Bach, par André Pirro. 3ᵉ édit.
Beethoven, par Jean Chantavoine. 5ᵉ édit.
Mendelssohn, par Camille Bellaigue, 3ᵉ édition.
Smetana, par William Ritter.
Rameau, par Louis Laloy. 2ᵉ éd.
Moussorgsky, par M. D. Calvocoressi. 2ᵉ édition.
Haydn, par Michel Brenet. 2ᵉ édit.
Trouvères et Troubadours, par Pierre Aubry. 2ᵉ édit.
Wagner, par Henri Lichtenberger. 3ᵉ édit.
Gluck, par Julien Tiersot. 2ᵉ éd.
Liszt, par Jean Chantavoine. 2ᵉ édit.
Gounod, par Camille Bellaigue. 2ᵉ éd.
Haendel, par Romain Rolland. 2ᵉ édit.
Lully, par Lionel de la Laurencie.
L'Art Grégorien, par Amédée Gastoué.

BIBLIOTHÈQUE
D'HISTOIRE CONTEMPORAINE
Volumes in-16 et in-8

DERNIERS VOLUMES PUBLIÉS :

Les grands traités politiques. *Recueil des principaux textes diplomatiques depuis 1815 jusqu'à nos jours,* par *P.-Albin.* Préface de *Maurice Herbette.* 1 vol. in-8 . . . . 10 fr.
Études et leçons sur la Révolution française, par *A. Aulard.* 6ᵉ série. 1 vol. in-16. . . . . 3 fr. 50
Notre empire colonial, par *H. Busson, J. Fèvre* et *H. Hauser.* 1 vol. in-8 avec gravures et cartes. . . . . 5 fr.
Napoléon et la Catalogne. *La Captivité de Barcelone (Février 1808-Janvier 1810).* 1 vol. in-8 avec une carte hors texte. (Prix Pezrat 1910) . . . . 10 fr.
La politique extérieure du Premier Consul (1800-1803). *(Napoléon et l'Europe),* par *E. Driault.* 1 vol. in-8 . . . . 7 fr.
Histoire politique et sociale (1815-1911). *(Évolution du monde moderne).* par *E. Driault et Monod.* 1 vol. in-16 avec gravures et cartes. 2ᵉ édit. 5 fr.
Les officiers de l'armée royale et la Révolution, par le Lieut.-Colonel *Hartmann.* 1 vol. in-8 *(Couronné par l'Institut).* . . . 10 fr
La question sociale et le socialisme en Hongrie, par *G.-Louis Jaray.* 1 vol. in-8 avec 5 cartes hors texte . . . . 7 fr.
Thouret (1746-1794). *La vie et l'œuvre d'un constituant,* par *E. Lebègue.* 1 vol. in-8 . . . . 7 fr.
L'Europe et la politique britannique (1882-1909), par *E. Lémonon.* Préface de M. *Paul Deschanel.* 1 vol. in-8 . . . . . . 10 fr.
Le syndicalisme contre l'État, par *Paul Louis.* 1 vol. in-16. 3 fr. 50
La question sociale en Espagne, par *Angel Marvaud.* 1 vol. in-8. 7 fr.
La politique de Pie X, par *Maurice Pernot.* 1 vol. in-16 . . 3 fr. 50
Essai politique sur Alexis de Tocqueville, par *R. Pierre Marcel.* 1 vol. in-8 . . . . 7 fr.
Les questions actuelles de politique étrangère en Asie, par MM. le *Baron de Courcel, P. Deschanel, P. Doumer, E. Etienne,* le *Général Lebon, Victor Bérard, R. de Caix, M. Recon, Jean Rodes,* le Dʳ *Rouire.* 1 vol. in-16 avec 4 cartes hors texte . . . . 3 fr. 50
La Chine nouvelle, par *Jean Rodes.* 1 vol. in-16. . . . . . 3 fr. 50
La vie politique dans les Deux-Mondes, publiée sous la direction de M. *A. Viallate,* avec la collaboration de professeurs et d'anciens élèves de l'École des Sciences Politiques. 3ᵉ année, 1908-1909. 1 fort. vol. in-8. . . . . 10 fr.
Histoire du catholicisme libéral en France (1828-1908), par *G. Weill.* 1 vol. in-16. 3 fr. 50

BIBLIOTHÈQUE D'HISTOIRE CONTEMPORAINE

Précédemment parus :

EUROPE

HISTOIRE DE L'EUROPE PENDANT LA RÉVOLUTION FRANÇAISE, par *H. de Sybel*. Traduit de l'allemand par Mlle Dosquet. 6 vol. in-8. Chacun. 7 fr.
HIST. DIPLOMATIQUE DE L'EUROPE (1815-1878), par *Debidour*, 2 v. in-8. 18 fr.
LA QUESTION D'ORIENT, depuis ses origines jusqu'à nos jours, par *E. Driault*; préface de *G. Monod*. 1 vol. in-8. 3ᵉ édit. 7 fr.
LA PAPAUTÉ, par *I. de Dœllenger*. Trad. de l'allemand. 1 vol. in-8. 7 fr.
QUESTIONS DIPLOMATIQUES DE 1904, par *A. Tardieu*. 1 vol. in-16. 3 fr. 50
LA CONFÉRENCE D'ALGÉSIRAS. *Histoire diplomatique de la crise marocaine (janvier-avril 1906)*, par *le même*. 3ᵉ édit. Revue et augmentée d'un appendice sur *Le Maroc après la conférence* (1906-1909). In-8. 10 fr.

FRANCE ET COLONIES

LA RÉVOLUTION FRANÇAISE, par *H. Carnot*. 1 vol. in-16. Nouv. éd. 3 fr. 50
LA THÉOPHILANTHROPIE ET LE CULTE DÉCADAIRE (1796-1801), par *A. Mathiez*. 1 vol. in-8. . . . . 12 fr.
CONTRIBUTIONS A L'HISTOIRE RELIGIEUSE DE LA RÉVOLUTION FRANÇAISE, par *le même*. 1 vol. in-16. 3 fr. 50
MÉMOIRES D'UN MINISTRE DU TRÉSOR PUBLIC (1780-1815), par le comte *Mollien*. Publié par *M. Gomel*. 3 vol. in-8. 15 fr.
CONDORCET ET LA RÉVOLUTION FRANÇAISE, par *L. Cahen*. 1 vol. in-8. 10 fr.
CAMBON ET LA RÉVOLUTION FRANÇAISE, par *F. Bornarel*. 1 vol. in-8. 7 fr.
LE CULTE DE LA RAISON ET LE CULTE DE L'ÊTRE SUPRÊME (1793-1794). Étude historique, par *A. Aulard*. 2ᵉ éd. 1 vol. in-16. . . . . 3 fr. 50
ÉTUDES ET LEÇONS SUR LA RÉVOLUTION FRANÇAISE, par *A. Aulard*. 5 vol. in-16. Chacun. . . . . 3 fr. 50
VARIÉTÉS RÉVOLUTIONNAIRES, par *M. Pellet*. 3 vol. in-16. Chacun. 3 fr. 50
HOMMES ET CHOSES DE LA RÉVOLUTION, par *Eug. Spuller*. 1 vol. in-16. . . . . 3 fr. 50
LES CAMPAGNES DES ARMÉES FRANÇAISES (1792-1815), par *C. Vallaux*. 1 vol. in-16, avec 17 cartes. . . . . 3 fr. 50
LA POLITIQUE ORIENTALE DE NAPOLÉON (1806-1808), par *E. Driault*. 1 vol. in-8. . . . . 7 fr.
NAPOLÉON ET LA POLOGNE (1806-1807), par *Handelsman*. 1 vol. in-8. 5 fr.
DE WATERLOO A SAINTE-HÉLÈNE (20 juin-16 oct. 1815), par *J. Silvestre*, 1 vol. in-16. . . . . 3 fr. 50
LE CONVENTIONNEL GOUJON, par *L. Thénard* et *R. Guyot*. 1 vol. in-8. 5 fr.
HISTOIRE DE DIX ANS (1830-1840), par *Louis Blanc*. 5 vol. in-8. Chacun. 5 fr.
ASSOCIATIONS ET SOCIÉTÉS SECRÈTES SOUS LA DEUXIÈME RÉPUBLIQUE (1848-1851), par *J. Tchernoff*. 1 vol. in-8. 7 fr.
HISTOIRE DU SECOND EMPIRE, par *Taxile Delord*. 6 vol. in-8. Chac. 7 fr.
HISTOIRE DU PARTI RÉPUBLICAIN (1814-1870), par *G. Weill*. 1 v. in-8. 10 fr.
HISTOIRE DU MOUVEMENT SOCIAL (1852-1910), par *le même*. 1 v. in-8. 3ᵉ éd. revue. . . . . 10 fr.
HISTOIRE DE LA TROISIÈME RÉPUBLIQUE, par *E. Zévort* : I. *Présidence de M. Thiers*. 1 vol. in-8. 3ᵉ édit. 7 fr. — II. *Présidence du Maréchal*. 1 vol. in-8. 2ᵉ édit. 7 fr. — III. *Présidence de Jules Grévy*. 1 vol. in-8. 2ᵉ édition. 7 fr. — IV. *Présidence de Sadi-Carnot*. 1 vol. in-8. . . . 7 fr.
HISTOIRE DES RAPPORTS DE L'ÉGLISE ET DE L'ÉTAT EN FRANCE (1789-1870), par *A. Debidour*. 1 vol. in-8 (*Couronné par l'Institut*). . 12 fr.
L'ÉTAT ET LES ÉGLISES EN FRANCE, Des origines à la loi de séparation. par *J.-L. de Lanessan*. 1 vol. in-16. . . . . 3 fr. 50
LA SOCIÉTÉ FRANÇAISE SOUS LA TROISIÈME RÉPUBLIQUE, par *Marius-Ary Leblond*. 1 vol. in-8. . . . . 5 fr.
LA LIBERTÉ DE CONSCIENCE EN FRANCE (1595-1905), par *G. Bonet-Maury*. 1 vol. in-8, 2ᵉ édit. . . . . 5 fr.
LES CIVILISATIONS TUNISIENNES, par *P. Lapie*. 1 vol. in-16. 3 fr. 50
LES COLONIES FRANÇAISES, par *P. Gaffarel*. 1 vol. in-8. 6ᵉ éd. . 5 fr.
L'ŒUVRE DE LA FRANCE AU TONKIN, par *A. Gaisman*. 1 v. in-16. 3 fr. 50
LA FRANCE HORS DE FRANCE. *Notre émigration, sa nécessité, ses conditions*, par *J.-B. Piolet*. 1 vol. in-8. . . . . 10 fr.
L'INDO-CHINE FRANÇAISE (*Cochinchine, le Cambodge, l'Annam et le Tonkin*), par *J.-L. de Lanessan*. 1 vol. in-8, avec 5 cartes en couleurs. 15 fr.

L'ALGÉRIE, par *M. Wahl.* 1 vol. in-8. 5ᵉ éd., revue par *A. Bernard.* 5 fr.
AU CONGO FRANÇAIS. *La question internationale du Congo*, par *F. Challaye.* 1 vol. in-8 . . . . 5 fr.
LA FRANCE MODERNE ET LE PROBLÈME COLONIAL (1815-1830), par *Ch. Schefer.* 1 vol. in-8 . . . . 7 fr.
L'ÉGLISE CATHOLIQUE ET L'ÉTAT EN FRANCE SOUS LA TROISIÈME RÉPUBLIQUE (1870-1906), par *A. Debidour.* Tome I. 1870-1889. 1 vol. in-8. 7 fr.
Tome II. 1889-1906. 1 vol. in-8 . . . . 10 fr.
L'ÉVEIL D'UN MONDE. *L'œuvre de la France en Afrique occidentale*, par *L. Hubert.* 1 vol. in-16 . . . . 3 fr. 50
RÉGIONS ET PAYS DE FRANCE, par *Fèvre et Hauser.* 1 vol. in-8 ill. 7 fr.

ALLEMAGNE

LE GRAND-DUCHÉ DE BERG (1806-1813), par *Ch. Schmidt.* 1 vol. in-8. 10 fr.
HISTOIRE DE LA PRUSSE, de la mort de Frédéric II à la bataille de Sadowa, par *E. Véron.* 1 vol. in-18. 6ᵉ éd. . . . . 3 fr. 50
LES ORIGINES DU SOCIALISME D'ÉTAT EN ALLEMAGNE, par *Ch. Andler.* 2ᵉ édit. in-8 . . . . 7 fr.
L'ALLEMAGNE NOUVELLE ET SES HISTORIENS (*Niebuhr, Ranke, Mommsen, Sybel, Treitschke*), par *A. Guilland.* 1 vol. in-8 . . . . . 5 fr.
LA DÉMOCRATIE SOCIALISTE ALLEMANDE, par *E. Milhaud.* 1 vol. in-8. 10 fr.
LA PRUSSE ET LA RÉVOLUTION DE 1848, par *P. Matter.* 1 v. in-16. 3 fr. 50
BISMARCK ET SON TEMPS, par *le même.* 3 vol. in-8, chacun. 10 fr. — I. *La préparation* (1815-1862). — II. *L'action* (1863-1870). — III. *Le triomphe et le déclin* (1870-1896). (*Ouvrage couronné par l'Institut*).

ANGLETERRE

HISTOIRE CONTEMPORAINE DE L'ANGLETERRE, depuis la mort de la reine Anne jusqu'à nos jours, par *H. Reynald.* 1 vol. in-16. 2ᵉ éd. 3 fr. 50
LE SOCIALISME EN ANGLETERRE, par *Albert Métin.* 1 vol. in-16. 3 fr. 50
A TRAVERS L'ANGLETERRE CONTEMPORAINE, par *J. Mantoux.* 1 vol. in-16. Préface de G. MONOD, de l'Institut. 1 vol. in-16. . . . . . 3 fr. 50

AUTRICHE-HONGRIE

LES TCHÈQUES ET LA BOHÈME CONTEMPORAINE, par *Bourlier*, in-16. 3 fr. 50
LES RACES ET LES NATIONALITÉS EN AUTRICHE-HONGRIE, par *B. Auerbach*, 1 vol. in-8. 2ᵉ édit. (*Sous presse*) . . . . 5 fr.
LE PAYS MAGYAR, par *R. Recouly.* 1 vol. in-16 . . . . 3 fr. 50
LA HONGRIE RURALE, SOCIALE ET POLITIQUE, par le *Comte J. de Mailath.*

ESPAGNE

HISTOIRE DE L'ESPAGNE, depuis la mort de Charles III jusqu'à nos jours, par *H. Reynald.* 1 vol. in-16 . . . . 3 fr. 50

GRÈCE et TURQUIE

LA TURQUIE ET L'HELLÉNISME CONTEMPORAIN, par *V. Bérard.* 1 vol. in-16. 6ᵉ éd. (*Ouvrage couronné par l'Académie française*) . . . . 3 fr. 50
BONAPARTE ET LES ILES IONIENNES (1797-1816), par *E. Rodocanachi.* 1 vol. in-8 . . . . 5 fr.

ITALIE

HISTOIRE DE L'UNITÉ ITALIENNE (1814-1871), *Bolton King.* 2 v. in-8. 15 fr.
BONAPARTE ET LES RÉPUBLIQUES ITALIENNES (1796-1799), par *P. Gaffarel.* 1 vol. in-8 . . . . 5 fr.
NAPOLÉON EN ITALIE (1800-1812), par *J.-E. Driault.* 1 vol. in-8. 10 fr.

SUISSE

HISTOIRE DU PEUPLE SUISSE, par *Daendliker.* Introd. de *Jules Favre.* In-8. 5 fr.

ROUMANIE

HISTOIRE DE LA ROUMANIE CONTEMP. (1822-1900), par *Damé.* In-8. 7 fr.

AMÉRIQUE

HISTOIRE DE L'AMÉRIQUE DU SUD, par *Alf. Deberle.* In-16. 3ᵉ éd. 3 fr. 50
L'INDUSTRIE AMÉRICAINE, par *A. Viallate*, professeur à l'École des Sciences politiques. 1 vol. in-8 . . . . 10 fr.

CHINE-JAPON

HISTOIRE DES RELATIONS DE LA CHINE AVEC LES PUISSANCES OCCIDENTALES (1861-1902), par *H. Cordier*, de l'Instit. 3 vol. in-8, avec cartes. 30 fr

L'EXPÉDITION DE CHINE DE 1857-58, par *le même*. 1 vol. in-8. . . 7 fr.
L'EXPÉDITION DE CHINE DE 1860, par *le même*. 1 vol. in-8 . . . 7 fr.
EN CHINE. *Mœurs et institutions*. par *M. Courant*. 1 vol. in-16. 3 fr. 50
LE DRAME CHINOIS, par *Marcel Monnier*. 1 vol. in-16. . . . 2 fr. 50
LE PROTESTANTISME AU JAPON (1859-1907), par *R. Allier*. In-16. 3 fr. 50
LA QUESTION D'EXTRÊME-ORIENT, par *E. Driault*. 1 vol. in-8. . . 7 fr.

ÉGYPTE

LA TRANSFORMATION DE L'ÉGYPTE, par *Alb. Métin*. 1 vol. in-16. 3 fr. 50

INDE

L'INDE CONTEMP. ET LE MOUVEMENT NATIONAL, par *E. Piriou*. In-16. 3 fr. 50

QUESTIONS POLITIQUES ET SOCIALES

LE VANDALISME RÉVOLUTIONNAIRE, par *E. Despois*. 1 vol. in-16. 4ᵉ éd. 3 fr. 50
FIGURES DU TEMPS PASSÉ, par *M. Dumoulin*. 1 vol. in-16 . . . 3 fr. 50
PROBLÈMES POLITIQUES ET SOCIAUX, par *E. Driault*. 2ᵉ éd. 1 vol. in-8. 7 fr.
VUE GÉNÉRALE DE L'HISTOIRE DE LA CIVILISATION. par *le même*. 2 vol. in-16, illustrés. (*Récompensé par l'Institut*). . . . . . 7 fr.
LE MONDE ACTUEL. par *le même*. Tableau politique et économique. 1 v. in-8. . . . . 7 fr.
SOUVERAINETÉ DU PEUPLE ET GOUVERNEMENT, par *E. d'Eichthal*, de l'Institut. 1 vol. in-16. . . . . 3 fr. 50
SOPHISMES SOCIALISTES ET FAITS ÉCONOMIQUES, par *Yves Guyot*. 1 vol. in-16. . . . . 3 fr. 50
LES MISSIONS ET LEUR PROTECTORAT, par *J.-L. de Lanessan*. 1 vol. in-16. . . . . 3 fr. 50
LE SOCIALISME UTOPIQUE, par *A. Lichtenberger*. 1 vol. in-16. 3 fr. 50
LE SOCIALISME ET LA RÉVOLUTION FRANÇAISE, par *le même*. 1 v. in-8. 5 fr.
L'OUVRIER DEVANT L'ÉTAT, par *Paul Louis*. 1 vol. in-8. . . . 7 fr.
HISTOIRE DU MOUVEMENT SYNDICAL EN FRANCE (1789-1906), par *le même*. . . . . 3 fr. 50
LA DISSOLUTION DES ASSEMBLÉES PARLEMENTAIRES, par *Paul Matter*. 1 vol. in-8. 5 fr.
LA FRANCE ET L'ITALIE DEVANT L'HISTOIRE, par *J. Reinach*. 1 vol. in-8. 5 fr.
LE SOCIALISME A L'ÉTRANGER. *Angleterre, Allemagne, Autriche, Italie, Espagne, Russie, Japon, États-Unis*, par MM. *J. Bardoux, G. Gidel, Kinzo Goral, G. Isambert, G. Louis-Jaray, A. Marvaud, Da Motta de San Miguel, P. Quentin-Bauchart, M. Revon, A. Tardieu*. 1 vol. in-16. . . . . 3 fr. 50
FIGURES DISPARUES, par *E. Spuller*. 3 vol. in-16, chacun . . . 3 fr. 50
L'ÉDUCATION DE LA DÉMOCRATIE, par *le même*. 1 vol. in-16. . . 3 fr. 50
L'ÉVOLUTION POLITIQUE ET SOCIALE DE L'ÉGLISE, par *le même*. 1 v. in-16. 3 fr. 50
LA FRANCE ET SES ALLIANCES. *La lutte pour l'équilibre*, par *A. Tardieu*. 1 vol. in-16. 3 fr. 50
LA VIE POLITIQUE DANS LES DEUX MONDES, 1ʳᵉ ANNÉE (1906-1907), par *A. Viallate*. 1 fort volume in-8. . . . . 10 fr.
Deuxième année (1907-1908). 1 vol. in-8. . . . . 10 fr.
L'ÉCOLE SAINT-SIMONIENNE, par *G. Weill*. 1 vol. in-16. . . . 3 fr. 50

MINISTRES ET HOMMES D'ÉTAT

Chaque volume in-16, 2 fr. 50

Bismarck, par H. WELSCHINGER. | **Ôkoubo**, ministre japonais, par M. COURANT.
Prim, par H. LÉONARDON. |
Disraeli, par M. COURCELLE. | **Chamberlain**, par A. VIALLATE.

∗ ∗ ∗

BIBLIOTHÈQUE UTILE

Élégants volumes in-32 de 192 pages chacun.
Chaque volume broché, 60 cent.

DERNIERS VOLUMES PARUS :

Collas et Driault. **Histoire de l'Empire ottoman** *jusqu'à la Révolution de 1909.*
Eisenmenger (G.) **Les Tremblements de Terre** avec gravures.
Faque. **L'Indo-Chine française.** *Cochinchine, Cambodge, Annam, Tonkin.* 2ᵉ édition, mise à jour jusqu'en 1910.
Yves Guyot. **Les Préjugés économiques.**

Acloque (A.). Les insectes nuisibles, ravages, moyens de destruction (avec fig.).
Amigues (E.). A travers le ciel.
Bastide. Les guerres de la Réforme. 5ᵉ édit.
Beauregard (H.). Zoologie générale (avec fig.).
Bellet. (D.). Les grands ports maritimes de commerce (avec fig.).
Bère. Histoire de l'armée française.
Berget (Adrien.) La viticulture nouvelle. (*Manuel du vigneron.*) 3ᵉ éd.
— La pratique des vins. 2ᵉ éd. (*Guide du récoltant*).
— Les vins de France. (*Manuel du consommateur.*)
Blerzy. Torrents, fleuves et canaux de la France. 3ᵉ édit.
— Les colonies anglaises. 2ᵉ édit.
Boillot. Les entretiens de Fontenelle sur la pluralité des mondes.
Bondois. (P.) L'Europe contemporaine (1789-1879). 2ᵉ édit.
Bouant. Les principaux faits de la chimie (avec fig.).
— Hist. de l'eau (avec fig.).
Brothier. Histoire de la terre. 9ᵉ éd.
Buchez. Histoire de la formation de la nationalité française.
  I. *Les Mérovingiens.* 6ᵉ éd. 1 v.
  II. *Les Carlovingiens.* 2ᵉ éd. 1 v.
Carnot. Révolution française. 8ᵉ éd.
  I. *Période de création*, 1789-1792.
  II. *Période de défense*, 1792-1804.
Catalan. Notions d'astronomie. 6ᵉ édit. (avec fig.).
Collas et Driault. Histoire de l'Empire ottoman jusqu'à la révolution de 1909. 4ᵉ édit.

Collier. Premiers principes des beaux-arts (avec fig.).
Combes (L.). La Grèce ancienne. 4ᵉ édit.
Coste (A.). La richesse et le bonheur.
— Alcoolisme ou épargne. 6ᵉ édit.
Coupin (H.). La vie dans les mers (avec fig.).
Creighton. Histoire romaine.
Cruveilhier. Hygiène générale. 9ᵉ éd.
Debidour (A.) Histoire des rapports de l'Église et de l'État en France (1789-1871). Abrégé par Dubois et Sarthou.
Despois (Eug.). Révolution d'Angleterre. (1603-1688). 4ᵉ édit.
Doneaud (Alfred). Histoire de la marine française. 4ᵉ édit.
— Histoire contemporaine de la Prusse. 2ᵉ édit.
Dufour. Petit dictionnaire des falsifications. 4ᵉ édit.
Eisenmenger (G.). Les tremblements de terre.
Enfantin. La vie éternelle, passée, présente, future. 6ᵉ éd.
Faque (L.). L'Indo-Chine française. 2ᵉ éd. mise à jour jusqu'en 1910.
Ferrière. Le darwinisme. 9ᵉ éd.
Gaffarel (Paul). Les frontières françaises et leur défense. 2ᵉ édit.
Gastineau (B.). Les génies de la science et de l'industrie. 3ᵉ éd.
Geikie. La géologie (avec fig.). 5ᵉ éd.
Genevoix (F.). Les procédés industriels.
— Les Matières premières.
Gérardin. Botanique générale (avec fig.).
Girard de Rialle. Les peuples de l'Asie et de l'Europe.
Gossin (H.). La machine à vapeur. Histoire — emploi. (avec fig.)
Grove. Continents et océans, avec fig. 3ᵉ éd.

Guyot (Yves). Les préjugés économiques.
Henneguy. Histoire de l'Italie depuis 1815 jusqu'au cinquantenaire de l'Unité Italienne (1911). 2ᵉ édit.
Huxley. Premières notions sur les sciences. 5ᵉ édit.
Jevons (Stanley). L'économie politique. 10ᵉ édit.
Jouan. Les îles du Pacifique.
— La chasse et la pêche des animaux marins.
Jourdan (J.). La justice criminelle en France. 2ᵉ édit.
Jourdy. Le patriotisme à l'école. 3ᵉ édit.
Larbalétrier (A.). L'agriculture française (avec fig.).
— Les plantes d'appartement, de fenêtres et de balcons (avec fig.).
Larivière (Ch. de). Les origines de la guerre de 1870.
Larrivé. L'assistance publique en France.
Laumonier (Dʳ J.). L'hygiène de la cuisine.
Leneveux. Le budget du foyer. Économie domestique. 3ᵉ édit.
— Le travail manuel en France. 2ᵉ édit.
Lévy (Albert). Histoire de l'air (avec fig.). 3ᵉ édit.
Lock (F.). Jeanne d'Arc (1429-1431). 3ᵉ édit.
— Histoire de la Restauration. 5ᵉ édit.
Mahaffy. L'antiquité grecque (avec fig.).
Maigne. Les mines de la France et de ses colonies.
Mayer (G.). Les chemins de fer (avec fig.).
Merklen (P.). La Tuberculose; son traitement hygiénique.
Meunier (G.). Histoire de la littérature française. 4ᵉ éd.
— Histoire de l'art ancien, moderne et contemporain (avec fig.).
Mongredien. Histoire du libre-échange en Angleterre.
Monin. Les maladies épidémiques. Hygiène et prévention (avec fig.).

Morin. Résumé populaire du code civil, 6ᵉ édit., avec un appendice sur *la loi des accidents du travail* et *la loi des associations*.
Noël (Eugène). Voltaire et Rousseau. 5ᵉ édit.
Ott (A.). L'Asie occidentale et l'Egypte. 2ᵉ édit.
Paulhan (F.). La physiologie de l'esprit. 5ᵉ édit. (avec fig.)
Paul Louis. Les lois ouvrières dans les deux mondes.
Petit. Economie rurale et agricole.
Pichat (L.). L'art et les artistes en France. (*Architectes, peintres et sculpteurs*). 5ᵉ édit.
Quesnel. Histoire de la conquête de l'Algérie.
Raymond (E.). L'Espagne et le Portugal. 3ᵉ édit.
Regnard. Histoire contemporaine de l'Angleterre depuis 1815 jusqu'à l'avènement de Georges V. 2ᵉ édit.
Renard (G.). L'homme est-il libre? 6ᵉ édit.
Robinet. La philosophie positive. A. Comte et P. Laffitte. 6ᵉ éd.
Rolland (Ch.). Histoire de la maison d'Autriche. 3ᵉ édit.
Sérieux et Mathieu. L'Alcool et l'alcoolisme. 4ᵉ édit.
Spencer (Herbert). De l'éducation. 13ᵉ édit.
Turck. Médecine populaire. 7ᵉ édit.
Vaillant. Petite chimie de l'agriculteur.
Zaborowski. L'origine du langage. 7ᵉ édit.
— Les migrations des animaux. 4ᵉ édit.
— Les grands singes. 3ᵉ édit.
— Les mondes disparus (avec fig.) 4ᵉ édit.
— L'homme préhistorique. 7ᵉ édit. (avec fig.)
Zevort (Edg.). Histoire de Louis-Philippe. 4ᵉ édit.
Zurcher (F.) Les phénomènes de l'atmosphère. 7ᵉ édit.
Zurcher et Margollé. Télescope et microscope. 3ᵉ édit.
— Les phénomènes célestes. 2ᵉ éd.

BIBLIOTHÈQUE DE PHILOSOPHIE CONTEMPORAINE

VOLUMES IN-16.

Brochés, 2 fr. 50.

Derniers volumes publiés :

Lord Avebury (Sir John Lubbock).
Paix et bonheur.

G. Compayré.
L'adolescence. 2ᵉ édit.

J. Delvolvé.
Rationalisme et tradition.

Ch. Dunan.
Les deux idéalismes.

G. Dromard.
Les mensonges de la vie intérieure.

A. Joussain.
Le fondement psychologique de la morale.

N. Kostyleff.
La crise de la psychologie expérimentale.

P. Mendousse.
Du dressage à l'éducation.

D. Parodi.
Le problème moral et la pensée contemporaine.

Fr. Paulhan.
La logique de la Contradition.

Péladan.
La philosophie de Léonard de Vinci.

Dʳ J. Philippe et Dʳ G. Paul Boncour.
L'éducation des anormaux.

Fr. Queyrat.
La curiosité.

Th. Ribot.
Problèmes de psychologie affective.

Seillière.
Introduction à la philosophie de l'impérialisme.

Alaux.
Philosophie de Victor Cousin.

R. Allier.
Philosophie d'Ernest Renan. 3ᵉ éd.

L. Arréat.
La morale dans le drame. 3ᵉ édit.
Mémoire et imagination. 2ᵉ édit.
Les croyances de demain.
Dix ans de philosophie (1890-1900).
Le sentiment religieux en France.
Art et psychologie individuelle.

G. Aslan.
Expérience et Invention en morale.

G. Ballet.
Langage intérieur et aphasie. 2ᵉ éd.

A. Bayet.
La morale scientifique. 2ᵉ édit.

Beaussire.
Antécédents de l'hégélianisme.

Bergson.
Le rire. 6ᵉ édit.

Binet.
Psychologie du raisonnement. 4ᵉ éd.

Hervé Blondel.
Les approximations de la vérité.

C. Bos.
Psychologie de la croyance. 2ᵉ éd.
Pessimisme, féminisme, moralisme.

M. Boucher.
Essai sur l'hyperespace. 2ᵉ éd.

C. Bouglé.
Les sciences sociales en Allemagne.
Qu'est-ce que la sociologie? 2ᵉ éd.

J. Bourdeau.
Les maîtres de la pensée. 6ᵉ éd.
Socialistes et sociologues. 2ᵉ édit.
Pragmatisme et modernisme.

E. Boutroux.
Conting. des lois de la nature. 6ᵉ éd.

Brunschvicg.
Introd. à la vie de l'esprit. 2ᵉ éd.
L'idéalisme contemporain.

C. Coignet.
Protestantisme français au xixᵉ siècle

G. Compayré.
L'adolescence.

Coste.
Dieu et l'âme. 2ᵉ édit.

Em. Cramaussel.
Le premier éveil intellectuel de l'enfant. 2ᵉ édit.

A. Cresson.
Bases de la philos. naturaliste.
Le malaise de la pensée philos.
La morale de Kant. 2ᵉ éd.

G. Danville.
Psychologie de l'amour. 5ᵉ édit.

L. Dauriac.
La psychol. dans l'Opéra français

J. Delvolvé.
L'organisation de la conscience morale.

L. Dugas.
Psittacisme et pensée symbolique.
La timidité. 5e édit.
Psychologie du rire. 2e édit.
L'absolu.

L. Duguit.
Le droit social, le droit individuel et la transformation de l'Etat. 2e éd.

G. Dumas.
Le sourire.

Dunan.
Théorie psychologique de l'espace.

Duprat.
Les causes sociales de la folie.
Le mensonge. 2e édit.

Durand (DE GROS).
Philosophie morale et sociale.

E. Durkheim.
Les règles de la méthode sociol. 5e éd.

E. d'Eichthal.
Cor. de S. Mill et G. d'Eichthal.
Pages sociales.

Encausse (PAPUS).
Occultisme et spiritualisme. 2e éd.

A. Espinas.
La philos. expériment. en Italie.

E. Faivre.
De la variabilité des espèces.

Ch. Féré.
Sensation et mouvement. 2e édit.
Dégénérescence et criminalité. 4e éd.

E. Ferri.
Les criminels dans l'art.

Florens-Gevaert.
Essai sur l'art contemporain. 2e éd.
La tristesse contemporaine. 5e éd.
Psychol. d'une ville. Bruges. 3e éd.
Nouveaux essais sur l'art contemp.

Maurice de Fleury.
L'âme du criminel. 2e éd.

Fonsegrive.
La causalité efficiente.

A. Fouillée.
Propriété sociale et démocratie. 4e édit.

E. Fournière.
Essai sur l'individualisme. 2e édit.

Gauckler.
Le beau et son histoire.

G. Geley.
L'être subconscient. 2e édit.

J. Girod.
Démocratie, patrie et humanité.

E. Goblot.
Justice et liberté. 2e édit.

A. Godfernaux.
Le sentiment et la pensée. 2e édit.

J. Grasset.
Les limites de la biologie. 6e édit.

G. de Greef.
Les lois sociologiques. 4e édit.

Guyau.
La genèse de l'idée de temps. 2e éd.

E. de Hartmann.
La religion de l'avenir. 7e édition.
Le Darwinisme. 9e édition.

R. C. Herckenrath.
Probl. d'esthétique et de morale.

Marie Jaëll.
L'intelligence et le rythme dans les mouvements artistiques.

W. James.
La théorie de l'émotion. 3e édit.

Paul Janet.
La philosophie de Lamennais.

Jankelevitch.
Nature et société.

A. Joussain.
Le fondement psychologique de la morale.

J. Lachelier.
Du fondement de l'induction. 5e éd.
Études sur le syllogisme.

C. Laisant.
L'Éducation fondée sur la science. 3e éd.

Mme Lampérière.
Le rôle social de la femme.

A. Landry.
La responsabilité pénale.

Lange.
Les émotions. 2e édit.

Laple.
La justice par l'État.

Laugel.
L'optique et les arts.

Gustave Le Bon.
Lois psychol. de l'évol. des peuples. 10e éd.
Psychologie des foules. 16e éd.

F. Le Dantec.
Le déterminisme biologique. 3e éd.
L'individualité et l'erreur individualiste. 3e édit.
Lamarckiens et darwiniens. 3e éd.

G. Lefèvre.
Obligation morale et idéalisme.

Liard.
Les logiciens anglais contem. 5e éd.
Définitions géométriques. 3e édit.

H. Lichtenberger.
La philosophie de Nietzsche. 12e éd.
Aphorismes de Nietzsche. 5e éd.

O. Lodge.
La vie et la matière. 2e édit.

John Lubbock.
Le bonheur de vivre. 1 vol. 11e éd.
L'emploi de la vie. 7e édit.

G. Lyon.
La philosophie de Hobbes.

E. Marguery.
L'œuvre d'art et l'évolution. 2ᵉ édit.

Mauxion.
L'éducation par l'instruction. 2ᵉ éd.
Nature et éléments de la moralité.

G. Milhaud.
Les conditions et les limites de la certitude logique. 2ᵉ édit.
Le rationnel.

Mosso.
La peur. 4ᵉ éd.
La fatigue intellect. et phys. 6ᵉ éd.

E. Murisier.
Les mal. du sent. religieux. 3ᵉ éd.

A. Naville.
Nouvelle classif. des sciences. 2ᵉ éd.

Max Nordau.
Paradoxes psychologiques. 6ᵉ éd.
Paradoxes sociologiques. 5ᵉ édit.
Psycho-physiologie du génie. 4ᵉ éd.

Novicow.
L'avenir de la race blanche. 2ᵉ édit.

Ossip-Lourié.
Pensées de Tolstoï. 3ᵉ édit.
Philosophie de Tolstoï. 2ᵉ édit.
La philos. soc. dans le théât. d'Ibsen. 2ᵉ édit.
Nouvelles pensées de Tolstoï.
Le bonheur et l'intelligence.
Croyance religieuse et croyance intellectuelle.

G. Palante.
Précis de sociologie. 4ᵉ édit.
La sensibilité individualiste.

W.-R. Paterson (Swift).
L'éternel conflit.

Paulhan.
Les phénomènes affectifs. 2ᵉ édit.
Psychologie de l'invention. 2ᵉ édit.
Analystes et esprits synthétiques.
La fonction de la mémoire.
La morale de l'ironie.

J. Philippe.
L'image mentale.

J. Philippe et G. Paul-Boncour.
Les anomalies mentales chez les écoliers. 2ᵉ édit.

F. Pillon.
La philosophie de Charles Secrétan.

Ploger.
Le monde physique.

L. Proal.
L'éducation et le suicide des enfants.

Quéyrat.
L'imagination chez l'enfant. 4ᵉ édit.
L'abstraction. 2ᵉ édit.
Les caractères et l'éducation morale. 4 éd.
La logique chez l'enfant. 3ᵉ éd.
Les jeux des enfants. 2ᵉ édit.

G. Rageot.
Les savants et la philosophie.

P. Regnaud.
Précis de logique évolutionniste.
Comment naissent les mythes.

G. Renard.
Le régime socialiste. 6ᵉ édit.

A. Réville.
Divinité de Jésus-Christ. 4ᵉ éd.

A. Rey.
L'énergétique et le mécanisme.

Th. Ribot.
La philos. de Schopenhauer. 12ᵉ éd.
Les maladies de la mémoire. 21ᵉ éd.
Les maladies de la volonté. 26ᵉ éd.
Les mal. de la personnalité. 14ᵉ édit.
La psychologie de l'attention. 11ᵉ éd.

G. Richard.
Socialisme et science sociale. 3ᵉ éd.

Ch. Richet.
Psychologie générale. 8ᵉ éd.

De Roberty.
L'agnosticisme. 2ᵉ édit.
La recherche de l'Unité.
Psychisme social.
Fondements de l'éthique.
Constitution de l'éthique.
Frédéric Nietzsche.

E. Roerich.
L'attention spontanée et volontaire.

J. Rogues de Fursac.
Mouvement mystique contemp.

Roisel.
De la substance.
L'idée spiritualiste. 2ᵉ édit.

Roussel-Despierres.
L'idéal esthétique.

Rzewuski.
L'optimisme de Schopenhauer.

Schopenhauer.
Le libre arbitre. 11ᵉ édition.
Le fondement de la morale. 11ᵉ éd.
Pensées et fragments. 24ᵉ édition.
Écrivains et style. 2ᵉ édit.
Sur la religion. 2ᵉ édit.
Philosophie et philosophes.
Éthique, droit et politique.
Métaphysique et esthétique.

P. Sollier.
Les phénomènes d'autoscopie.

P. Souriau.
La rêverie esthétique.

BIBL. DE PHILOSOPHIE CONTEMP. (FORMAT IN-8) 23

Herbert Spencer.
Classification des sciences. 9ᵉ édit.
L'individu contre l'État. 8ᵉ éd.
L'association en psychologie.

Stuart Mill.
Correspondance avec G. d'Eichthal.
Auguste Comte et la philosophie positive. 8ᵉ édition.
L'utilitarisme. 6ᵉ édition.
La liberté. 3ᵉ édit.

Sully Prudhomme.
Psychologie du libre arbitre.

Sully Prudhomme et Ch. Richet.
Le probl. des causes finales. 4ᵉ éd.

Tanon.
L'évol. du droit et la consc. soc. 3ᵉ éd.

Tarde.
La criminalité comparée. 7ᵉ éd.
Les transformations du droit. 6ᵉ éd.
Les lois sociales. 6ᵉ édit.

J. Taussat.
Le monisme et l'animisme.

Thamin.
Éducation et positivisme. 3ᵉ éd.

P.-F. Thomas.
La suggestion, son rôle. 5ᵉ édit.
Morale et éducation. 2ᵉ éd.

Wundt.
Hypnotisme et suggestion. 4ᵉ édit.

Zeller.
Christ. Baur et l'école de Tubingue.

Th. Ziegler.
La question sociale 4ᵉ éd.

VOLUMES IN-8.

Brochés, à 3.75, 5, 7.50 et 10 fr.

Derniers volumes publiés :

R. Brugeilles.
Le droit et la sociologie.   3 fr. 75

L. Cellérier.
Esquisse d'une science pédagogique.   7 fr. 50

E. de Cyon.
Dieu et science.   7 fr. 50

A. Darbon.
L'Explication mécanique et le nominalisme.   3 fr. 75

J. Dubois.
Le problème pédagogique.   7 fr. 50

E. Durkheim.
L'année sociologique, tome XI, 1906-1909.   15 fr.

H. Ebbinghaus.
Précis de psychologie.   5 fr.

R. Eucken.
Les grands courants de la pensée contemporaine.   10 fr.

A. Fouillée.
La démocratie politique et sociale en France.   3 fr. 75

J.-J. Gourd.
Philosophie de la religion.   5 fr.

O. Hamelin.
Le système de Descartes.   7 fr. 50

Ch. Lalo.
Les sentiments esthétiques.   5 fr.

G. Lechalas.
Étude sur l'espace et le temps. 2ᵉ édition.   5 fr.

L. Lévy-Bruhl.
Les fonctions mentales dans les sociétés inférieures.   7 fr. 50

A. Matagrin.
La psychologie sociale de Gabriel Tarde.   5 fr.

P. Mendousse.
L'âme de l'adolescent.   5 fr.

Nordau.
Le sens de l'histoire.   7 fr. 50

J. Novicow.
La critique du Darwinisme social.   7 fr. 50

C. Piat.
La morale du bonheur.   5 fr.

F. Pillon.
L'année philosophique, 20ᵉ année, 1909.   5 fr.

Ed. Rochrich.
Philosophie de l'éducation.   5 fr.

Jean d'Udine.
L'art et le geste.   5 fr.

Ch. Adam.
La philosophie en France (première moitié du XIXᵉ siècle).   7 fr. 50

Arréat.
Psychologie du peintre.   5 fr.

Dʳ L. Aubry.
La contagion du meurtre.   5 fr.

Alex. Bain.
La logique inductive et déductive. 5ᵉ édit. 2 vol.   20 fr.

J.-M. Baldwin.
Le développement mental chez l'enfant et dans la race. 7 fr. 50

J. Bardoux.
Psychol. de l'Angleterre contemp. (*les crises belliqueuses*). 7 fr. 50
Psychologie de l'Angleterre contemporaine (*les crises politiques*). 5 fr.

Barthélemy Saint-Hilaire.
La philosophie dans ses rapports avec les sciences et la religion. 5 fr.

Barzelotti.
La philosophie de H. Taine. 7 fr. 50

A. Bayet.
L'idée de bien. 3 fr. 75

Bazaillas.
Musique et inconscience. 5 fr.
La vie personnelle. 5 fr.

G. Belot.
Études de morale positive. 7 fr. 50

H. Bergson.
Essai sur les données immédiates de la conscience. 7ᵉ édit. 3 fr. 75
Matière et mémoire. 6ᵉ édit. 5 fr.
L'évolution créatrice. 7ᵉ éd. 7 fr. 50

R. Berthelot.
Évolutionnisme et platonisme. 5 fr.

A. Bertrand.
L'enseignement intégral. 5 fr.
Les études dans la démocratie. 5 fr.

A. Binet.
Les révélations de l'écriture. 5 fr.

C. Bloch.
La philosophie de Newton. 10 fr.

J.-H. Boex-Borel.
(*J.-H. Rosny aîné*).
Le pluralisme. 5 fr.

Em. Boirac.
L'idée du phénomène. 5 fr.
La psychologie inconnue. 5 fr.

Bouglé.
Les idées égalitaires. 2ᵉ éd. 3 fr. 75
Essais sur le régime des castes. 5 fr.

L. Bourdeau.
Le problème de la mort. 4ᵉ éd. 5 fr.
Le problème de la vie. 7 fr. 50

Bourdon.
L'expression des émotions. 7 fr. 50

Em. Boutroux.
Études d'histoire de la philosophie. 2ᵉ édit. 7 fr. 50

Braunschvig.
Le sentiment du beau et le sentiment politique. 7 fr. 50

L. Bray.
Du beau. 5 fr.

Brochard.
De l'erreur. 2ᵉ éd. 5 fr.

M. Brunschvicg.
Spinoza. 2ᵉ édit. 3 fr. 75
La modalité du jugement. 5 fr.

L. Carrau.
Philosophie religieuse en Angleterre. 5 fr.

Ch. Chabot.
Nature et moralité. 5 fr.

A. Chide.
Le mobilisme moderne. 5 fr.

Clay.
L'alternative. 2ᵉ éd. 10 fr.

Collins.
Résumé de la phil. de H. Spencer. 4ᵉ éd. 10 fr.

Cosentini.
La sociologie génétique. 3 fr. 75

A. Coste.
Principes d'une sociol. obj. 3 fr. 75
L'expérience des peuples. 10 fr.

C. Couturat.
Les principes des mathématiques. 5 f.

Crépieux-Jamin.
L'écriture et le caractère. 5ᵉ éd. 7.50

A. Cresson.
Morale de la raison théorique. 5 fr.

Dauriac.
Essai sur l'esprit musical. 5 fr.

H. Delacroix.
Études d'histoire et de psychologie du mysticisme. 10 fr.

Delbos.
Philos. pratique de Kant. 12 fr. 50

J. Delvaille.
La vie sociale et l'éducation. 3 fr. 75

J. Delvolvé.
Religion, critique et philosophie positive chez Bayle. 7 fr. 50

Draghicesco.
L'individu dans le déterminisme social. 7 fr. 50
Le problème de la conscience. 3 fr. 75

L. Dugas.
Le problème de l'éducat. 2ᵉ éd. 5 fr.

G. Dumas.
St-Simon et Auguste Comte. 5 fr

G.-L. Duprat.
L'instabilité mentale. 5 fr.

Duproix.
Kant et Fichte. 2ᵉ édit. 5 fr.

Durand (de Gros).
Taxinomie générale. 5 fr.
Esthétique et morale. 5 fr.
Variétés philosophiques. 2ᵉ éd. 5 fr.

E. Durkheim.
De la div. du trav. soc. 2ᵉ éd. 7 fr. 50
Le suicide, étude sociolog. 7 fr. 50
L'année sociologique. 10 volumes :
  1ʳᵉ à 5ᵉ années. Chacune. 10 fr.
  6ᵉ à 10ᵉ. Chacune. 12 fr. 50

V. Egger.
La parole intérieure. 2ᵉ éd. 5 fr.

Dwelshauvers.
La synthèse mentale. 5 fr.

A. Espinas.
La philosophie sociale au xviiiᵉ siècle et la Révolution. 7 fr. 50

Enriques.
Les problèmes de la science et la logique. 3 fr. 75

F. Evellin.
La raison pure et les antinomies. 5 fr.

G. Ferrero.
Les lois psychologiques du symbolisme. 5 fr.

Enrico Ferri.
La sociologie criminelle. 10 fr.

Louis Ferri.
La psychologie de l'association, depuis Hobbes. 7 fr. 50

J. Finot.
Le préjugé des races. 3ᵉ éd. 7 fr. 50
Philos. de la longévité. 12ᵉ éd. 5 fr.

Fonsegrive.
Le libre arbitre. 2ᵉ éd. 10 fr.

M. Foucault.
La psychophysique. 7 fr. 50
Le rêve. 5 fr.

Alf. Fouillée.
Liberté et déterminisme. 5ᵉ éd. 7 fr. 50
Critique des systèmes de morale contemporains. 5ᵉ éd. 7 fr. 50
La morale, l'art et la religion, d'après Guyau. 6ᵉ éd. 3 fr. 75
L'avenir de la métaphys. 2ᵉ éd. 5 fr.
Evolutionnisme des idées-forces. 4ᵉ éd. 7 fr. 50
La psychologie des idées-forces. 2ᵉ édit. 2 vol. 15 fr.
Tempérament et caractère. 3ᵉ éd. 7 fr. 50
Le mouvement idéaliste. 2ᵉ éd. 7 fr. 50
Le mouvement positiviste. 2ᵉ éd. 7,50
Psych. du peuple français. 3ᵉ éd. 7,50
La France au point de vue moral. 3ᵉ édit. 7 fr. 50
Esquisse psychologique des peuples européens. 4ᵉ édit. 10 fr.
Nietzsche et l'immoralisme. 2ᵉ éd. 5 f.
Le moralisme de Kant et l'amoralisme contemporain. 2ᵉ éd. 7 fr. 50
Éléments sociol. de la morale. 2ᵉ édit. 7 fr. 50
La morale des idées-forces. 7 fr. 50
Le socialisme et la sociologie réformiste. 7 fr. 50

E. Fournière.
Théories social. au xixᵉ siècle. 7 fr. 50

G. Fulliquet.
L'obligation morale. 7 fr. 50

Garofalo.
La criminologie. 5ᵉ édit. 7 fr. 50
La superstition socialiste. 5 fr.

L. Gérard-Varet.
L'ignorance et l'irréflexion. 5 fr.

E. Gley.
Études de psycho-physiologie. 5 fr.

G. Gory.
L'immanence de la raison dans la connaissance sensible. 5 fr.

R. de la Grasserie.
De la psychologie des religions. 5 fr.

J. Grasset.
Demifous et demiresponsables. 5 fr.
Introduction physiologique à l'étude de la philosophie. 2ᵉ éd. 5 fr.

G. de Greef.
Le transformisme social. 2ᵉ éd. 7 fr. 50
La sociologie économique. 3 fr. 75

K. Groos.
Les jeux des animaux. 7 fr. 50

Gurney, Myers et Podmore
Les hallucin. télépath. 4ᵉ éd. 7 fr. 50

Guyau.
La morale angl. cont. 5ᵉ éd. 7 fr. 50
Les problèmes de l'esthétique contemporaine. 6ᵉ éd. 5 fr.
Esquisse d'une morale sans obligation ni sanction. 9ᵉ éd. 5 fr.
L'irréligion de l'avenir. 13ᵉ éd. 7 fr. 50
L'art au point de vue sociol. 8ᵉ éd. 7 fr. 50
Éducation et hérédité. 10ᵉ éd. 5 fr.

E. Halévy.
La form. du radicalisme philos.
  I. *La jeunesse de Bentham.* 7 fr. 50
  II. *Évol. de la doctr. utilitaire*, 1789-1815. 7 fr. 50
  III. *Le radicalisme philos.* 7 fr. 50

O. Hamelin.
Les éléments de la représentation. 7 fr. 50

Hannequin.
L'hypoth. des atomes. 2ᵉ éd. 7 fr. 50
Études d'histoire des sciences et d'histoire de la philosophie. 2 vol. 15 fr.

P. Hartenberg.
Les timides et la timidité. 3ᵉ éd. 5 fr.
Physionomie et caractère. 5 fr.

Hébert.
Evolut. de la foi catholique. 5 fr.
Le divin. 5 fr.

C. Hémon.
Philos. de Sully Prudhomme. 7 fr. 50

Hermant et Van de Waele
Les principales théories de la logique contemporaine. 5 fr.

G. Hirth.
Physiologie de l'art. 5 fr.

H. Höffding.
Esquisse d'une psychologie fondée sur l'expérience. 4ᵉ édit. 7 fr. 50
Hist. de la philos. moderne. 2ᵉ édit. 2 vol. 20 fr.
Philosophie de la religion. 7 fr. 50
Philosophes contemporains. 2ᵉ édit. 3 fr. 75

Hubert et Mauss.
Mélanges d'histoire des religions. 5 fr.

Ioteyko et Stefanowska.
Psycho-physiologie de la douleur. 5 fr.

Isambert.
Les idées socialistes en France (1815-1848). 7 fr. 50

Izoulet.
La cité moderne. 7ᵉ édit. 10 fr.

Jacoby.
La sélect. chez l'homme. 2ᵉ éd. 10 fr.

Paul Janet.
Œuvres philosophiques de Leibniz. 2ᵉ édition. 2 vol. 20 fr.

Pierre Janet.
L'automatisme psychol. 6ᵉ éd. 7 fr. 50

J. Jastrow.
La subconscience. 7 fr. 50

J. Jaurès.
Réalité du monde sensible. 2ᵉ édit. 7 fr. 50

Karppe.
Études d'hist. de la philos. 3 fr. 75

A. Kelm.
Helvétius. 10 fr.

P. Lacombe.
Individus et sociétés selon Taine. 7 fr. 50

A. Lalande.
La dissolution opposée à l'évolution. 7 fr. 50

Ch. Lalo.
Esthétique musicale scientifique. 5 f.
L'esthétique expérim. cont. 3 fr. 75

A. Landry.
Principes de morale rationnelle. 5 fr.

De Laveleye.
La morale naturelle. 10 fr.
La morale des religions. 10 fr.

P. Laple.
Logique de la volonté. 7 fr. 50

Lauvrière.
Edgar Poë. Sa vie. Son œuvre 10 fr.

E. de Laveleye.
De la propriété et de ses formes primitives. 5ᵉ édit. 10 fr.
Le gouvernement dans la démocratie. 3ᵉ éd. 2 vol. 15 fr.

M.-A. Leblond.
L'idéal du XIXᵉ siècle. 5 fr.

Gustave Le Bon.
Psych. du socialisme. 6ᵉ éd. 7 fr. 50

G. Lechalas.
Études esthétiques. 5 fr.

Lechartier.
David Hume, moraliste et sociologue. 5 fr.

Leclère.
Le droit d'affirmer. 5 fr.

F. Le Dantec.
L'unité dans l'être vivant. 7 fr. 50
Limites du connaissable. 3ᵉ édit. 3 fr. 75

Xavier Léon.
La philosophie de Fichte. 10 fr.

Leroy (E.-B.).
Le langage. 5 fr.

A. Lévy.
La philosophie de Feuerbach. 10 fr.

L. Lévy-Bruhl.
La philosophie de Jacobi. 5 fr.
Lettres de Stuart Mill à Comte. 10 fr.
La philos. d'Aug. Comte. 2ᵉ éd. 7 fr. 50
La morale et la science des mœurs. 4ᵉ éd. 5 fr.

Liard.
Science positive et métaphysique. 4ᵉ édit. 7 fr. 50
Descartes. 2ᵉ édit. 5 fr.

H. Lichtenberger.
Richard Wagner, poète et penseur. 5ᵉ édit. 10 fr.
Henri Heine penseur. 3 fr. 75

Lombroso.
La femme criminelle et la prostituée 1 vol. avec planches. 15 fr.
Le crime polit. et les révol. 2 v. 15 f.
L'homme criminel. 3ᵉ édit. 2 vol., avec atlas. 36 fr.
Le crime. 2ᵉ éd. 10 fr.
L'homme de génie (avec planches). 4ᵉ édit. 10 fr.

E. Lubac.
Système de psychol. rationn. 3 fr. 75

G. Luquet.
Idées générales de psychol. 5 fr.

G. Lyon.
L'idéalisme en Angleterre au XVIIIᵉ siècle. 7 fr. 50
Enseignement et religion. 3 fr. 75

BIBL. DE PHILOSOPHIE CONTEMP. (FORMAT IN-8) 27

P. Malapert.
Les éléments du caractère. 2ᵉ éd. 5 fr.
Marion.
La solidarité morale. 6ᵉ édit. 5 fr.
Fr. Martin.
La perception extérieure et la science positive. 5 fr.
J. Maxwell.
Les phénomènes psych. 4ᵉ éd. 5 fr.
E. Meyerson.
Identité et réalité. 7 fr. 50
Max Muller.
Nouv. études de mythol. 12 fr. 50
Myers.
La personnalité humaine. 3ᵉ éd. 7.50
E. Naville.
La logique de l'hypothèse. 2ᵉ éd. 5 fr.
La définition de la philosophie. 5 fr.
Les philosophies négatives. 5 fr.
Le libre arbitre. 2ᵉ édition. 5 fr.
Les philosophies affirmatives. 7 fr. 50
J.-P. Nayrac.
L'attention. 3 fr. 75
Max Nordau.
Dégénérescence. 2 v. 7ᵉ éd. 17 fr. 50
Les mensonges conventionnels de notre civilisation. 10ᵉ éd. 5 fr.
Vus du dehors. 5 fr.
Novicow.
Luttes entre soc. humaines. 2ᵉ éd. 10 f.
Gaspillages des soc. mod. 2ᵉ éd. 5 fr.
Justice et expansion de la vie. 7 fr. 50
H. Oldenberg.
Le Bouddha. 2ᵉ éd. 7 fr. 50
La religion du Véda. 10 fr.
Ossip-Lourié.
La philosophie russe contemp. 5 fr.
Psychol. des romanciers russes au XIXᵉ siècle. 7 fr. 50
Ouvré.
Form. littér. de la pensée grecq. 10 fr.
G. Palante.
Combat pour l'individu. 3 fr. 75
Fr. Paulhan.
Les caractères. 3ᵉ édition. 5 fr.
Les mensonges du caractère. 5 fr.
Le mensonge de l'art. 5 fr.
Payot.
L'éducation de la volonté. 31ᵉ éd. 5 fr.
La croyance. 3ᵉ éd. 5 fr.
Jean Pérès.
L'art et le réel. 3 fr. 75
Bernard Perez.
Les trois premières années de l'enfant. 5ᵉ édit. 5 fr.
L'enfant de 3 à 7 ans. 4ᵉ éd. 5 fr.
L'éd. mor. dès le berceau. 4ᵉ éd. 5 fr.
L'éd. intell. dès le berceau. 2ᵉ éd. 5 fr.
C. Piat.
La personne humaine. 7 fr. 50
Destinée de l'homme. 5 fr.

Picavet.
Les idéologues. 10 fr.
Piderit.
La mimique et la physiognomonie, avec 95 fig. 5 fr.
Pillon.
L'année philos. 20 vol., chacun. 5 fr.
J. Ploger.
La vie et la pensée. 5 fr.
La vie sociale, la morale et le progrès. 5 fr.
L. Prat.
Le caractère empirique et la personne. 7 fr. 50
Preyer.
Éléments de physiologie. 5 fr.
L. Proal.
Le crime et la peine. 3ᵉ éd. 10 fr.
La criminalité politique. 2ᵉ éd. 5 fr.
Le crime et le suicide passionn. 10 f.
G. Rageot.
Le succès. 3 fr. 75
F. Rauh.
De la méthode dans la psychologie des sentiments. 2ᵉ éd. 5 fr.
L'expérience morale. 3 fr. 75
Récéjac.
La connaissance mystique. 5 fr.
G. Renard.
La méthode scientifique de l'histoire littéraire. 10 fr.
Renouvier.
Les dilem. de la métaph. pure. 5 fr.
Hist. et solut. des problèmes métaphysiques. 7 fr. 50
Le personnalisme. 10 fr.
Critique de la doctrine de Kant. 7.50
Science de la morale. Nouvelle édit. 2 vol. 15 fr.
G. Revault d'Allonnes.
Psychologie d'une religion. 5 fr.
Les inclinations. 3 fr. 75
A. Rey.
La théorie de la physique chez les physiciens contemp. 7 fr. 50
Ribéry.
Classification des caractères. 3 fr. 75
Th. Ribot.
L'hérédité psycholog. 9ᵉ éd. 7 fr. 50
La psychologie anglaise contemporaine. 3ᵉ éd. 7 fr. 50
La psychologie allemande contemporaine. 7ᵉ éd. 7 fr. 50
La psych. des sentim. 7ᵉ éd. 7 fr. 50
L'évol. des idées générales. 3ᵉ éd. 5 fr.
L'imagination créatrice. 3ᵉ éd. 5 fr.
Logique des sentiments. 2ᵉ éd. 3 f. 75
Essai sur les passions. 3ᵉ éd. 3 fr. 75
Ricardou.
De l'idéal. 5 fr.

G. Richard.
L'idée d'évolution dans la nature et dans l'histoire. 7 fr. 50

H. Riemann.
Élém. de l'esthétiq. musicale. 5 fr.

E. Rignano.
Transmissibilité des caractères acquis. 5 fr.

A. Rivaud.
Essence et existence chez Spinoza. 3 fr. 75

E. de Roberty.
Ancienne et nouvelle philos. 7 fr. 50
La philosophie du siècle. 5 fr.
Nouveau programme de sociol. 5 fr.
Sociologie de l'action. 3 fr. 75

G. Rodrigues.
Le problème de l'action. 3 fr. 75

F. Roussel-Despierres.
Liberté et beauté. 7 fr. 50

Romanes.
L'évol. ment. chez l'homme. 7 fr. 50

Russell.
La philosophie de Leibniz. 3 fr. 75

Ruyssen.
Évolut. psychol. du jugement. 5 fr.

A. Sabatier.
Philosophie de l'effort. 2ᵉ éd. 7 fr. 50

Émile Saigey.
La physique de Voltaire. 5 fr.

G. Saint-Paul.
Le langage intérieur. 5 fr.

E. Sanz y Escartin.
L'individu et la réforme sociale. 7.50

F. Schiller.
Études sur l'humanisme. 10 fr.

A. Schinz.
Anti-pragmatisme. 5 fr.

Schopenhauer.
Aphorismes sur la sagesse dans la vie. 9ᵉ éd. 5 fr.
Le monde comme volonté et représentation. 5ᵉ éd. 3 vol. 22 fr. 50

Séailles.
Ess. sur le génie dans l'art. 2ᵉ éd. 5 fr.
Philosoph. de Renouvier. 7 fr. 50

Sighele.
La foule criminelle. 2ᵉ édit. 5 fr.

Sollier.
Psychologie de l'idiot et de l'imbécile. 2ᵉ éd. 5 fr.
Le problème de la mémoire. 3 fr. 75
Le mécanisme des émotions. 5 fr.
Le doute. 7 fr. 50

Souriau.
L'esthétique du mouvement. 5 fr.
La beauté rationnelle. 10 fr.
La suggestion dans l'art. 2ᵉ édit. 5 fr.

Spencer (Herbert).
Les premiers principes. 11ᵉ éd. 10 fr.
Principes de psychologie. 2 vol. 20 fr.
Princip. de biologie. 6ᵉ éd. 2 v. 20 fr.
Princip. de sociol. 5 vol. 43 fr. 75
  I. *Données de la sociologie*, 10 fr. —
  II. *Inductions de la sociologie. Relations domestiques*, 7 fr. 50. —
  III. *Institutions cérémonielles et politiques*, 15 fr. — IV. *Institutions ecclésiastiques*, 3 fr. 75.
  — V. *Institutions professionnelles*, 7 fr. 50.
Justice. 3ᵉ éd. 7 fr. 50
Rôle moral de la bienfaisance. 7.50
Morale des différents peuples. 7.50
Problèmes de morale et de sociologie. 2ᵉ éd. 7 fr. 50
Essais sur le progrès. 5ᵉ éd. 7 fr. 50
Essais de politique. 4ᵉ éd. 7 fr. 50
Essais scientifiques. 3ᵉ éd. 7 fr. 50
De l'éducation. 13ᵉ édit. 5 fr.
Une autobiographie. 10 fr.

P. Stapfer.
Questions esthétiques et religieuses 3 fr. 75

Stein.
La question sociale au point de vue philosophique. 10 fr.

Stuart Mill.
Mes mémoires. 5ᵉ éd. 5 fr.
Système de logique. 2 vol. 20 fr.
Essais sur la religion. 4ᵉ édit. 5 fr.
Lettres à Auguste Comte.

James Sully.
Le pessimisme. 2ᵉ éd. 7 fr. 50
Essai sur le rire. 7 fr. 50

Sully Prudhomme.
La vraie religion selon Pascal. 7 fr. 50
Le lien social. 3 fr. 75

G. Tarde.
La logique sociale. 3ᵉ édit. 7 fr. 50
Les lois de l'imitation. 5ᵉ éd. 7 fr. 50
L'opposition universelle. 7 fr. 50
L'opinion et la foule. 3ᵉ édit. 5 fr.

Em. Tardieu.
L'ennui. 5 fr.

P.-Félix Thomas.
L'éducation des sentiments. 5ᵉ éd. 5 fr.
Pierre Leroux. Sa philosophie. 5 fr.

P. Tisserand.
L'anthropologie de Maine de Biran. 10 fr.

Et. Vacherot.
Essais de philosophie critique. 7 fr. 50
La religion. 7 fr. 50

I. Waynbaum.
La physionomie humaine. 5 fr.

L. Weber.
Vers le positivisme absolu par l'idéalisme. 7 fr. 50

ÉCONOMIE POLITIQUE — SCIENCE FINANCIÈRE

COLLECTION DES PRINCIPAUX ÉCONOMISTES

Enrichie de commentaires, de notes explicatives et de notices historiques

(COLLECTION GUILLAUMIN.)

MÉLANGES (1re PARTIE)

David Hume. *Essai sur le commerce, le luxe, l'argent, les impôts, le crédit public, sur la balance du commerce, la jalousie commerciale, la population des nations anciennes.* — **V. de Forbonnais.** *Principes économiques.* — **Condillac.** *Le commerce et le gouvernement.* — **Condorcet.** *Lettres d'un laboureur de Picardie à M. N**** (Necker). — *Réflexions sur l'esclavage des nègres.* — *Réflexions sur la justice criminelle.* — *De l'influence de la révolution d'Amérique sur l'Europe.* — *De l'impôt progressif.* — **Lavoisier.** *De la richesse territoriale du royaume de France.* — **Franklin.** *La science du bonhomme Richard et ses autres opuscules.* 1 vol. grand in-8. . . . . 10 fr.

MÉLANGES (2e PARTIE)

Necker. *Sur la législation et le commerce des grains.* — **L'abbé Galiani.** *Dialogues sur le commerce des blés* avec la *Réfutation* de l'abbé Morellet. — **Montyon.** *Quelle influence ont les diverses espèces d'impôts sur la moralité, l'activité et l'industrie des peuples?* — **Bentham.** *Défense de l'usure.* 1 vol. gr. in-8. . . . . 10 fr.

RICARDO

Œuvres complètes. Les œuvres de Ricardo se composent : 1° des *Principes de l'économie politique et de l'impôt.* — 2° Des ouvrages ci-après : *De la protection accordée à l'agriculture.* — *Plan pour l'établissement d'une banque nationale.* — *Essai sur l'influence du bas prix des blés sur les profits du capital.* — *Proposition pour l'établissement d'une circulation monétaire économique et sûre.* — *Le haut prix des lingots est une preuve de la dépréciation des billets de banque.* — *Essai sur les emprunts publics,* avec des notes. 1 vol. in-8. . . . . 10 fr.

J.-B. SAY

Cours complet d'économie politique pratique. 2 vol. grand in-8. 20 fr.

J.-B. SAY

Œuvres diverses : *Catéchisme d'économie politique.* — *Lettres à Malthus et correspondance générale.* — *Olbie.* — *Petit volume.* — *Fragments et opuscules inédits.* 1 vol. grand in-8. . . . . 10 fr.

ADAM SMITH

Recherches sur la nature et les causes de la richesse des nations, traduction de G. GARNIER. 5e édition, augmentée. 2 vol. in-8. . . 16 fr.

DICTIONNAIRE DU COMMERCE
DE L'INDUSTRIE ET DE LA BANQUE

DIRECTEURS :

MM. Yves GUYOT et Arthur RAFFALOVICH

2 volumes grand in-8. Prix, brochés. . . . . 50 fr.
— — reliés. . . . . 58 fr.

Cet ouvrage peut s'acquérir en envoyant un mandat-poste de 10 fr., au reçu duquel est faite l'expédition du livre, et en payant le reste, soit 40 fr., en quatre traites de 10 fr. chacune, de deux mois en deux mois. *Pour recevoir l'ouvrage relié ajouter 8 fr. au premier paiement.*)

COLLECTION DES ÉCONOMISTES
ET PUBLICISTES CONTEMPORAINS
FORMAT IN-8.

VOLUMES RÉCEMMENT PUBLIÉS

ANTOINE (Ch.). Cours d'économie sociale. 4ᵉ édition, revue et augmentée. 1 vol. in-8. 9 fr.
ARNAUNÉ (Aug.), ancien directeur de la Monnaie, conseiller maître à la Cour des comptes. La monnaie, le crédit et le change. 1 vol. in-8, 4ᵉ édition, revue et augmentée. . . . . 8 fr.
COLSON (C.), de l'Institut. Cours d'économie politique, professé à l'École nationale des ponts et chaussées.
  Livre I. — *Théorie générale des phénomènes économiques*. 2ᵉ édition revue et augmentée. . . . . 6 fr.
  — II. — *Le travail et les questions ouvrières*. 3ᵉ tirage. . . 6 fr.
  — III. — *La propriété des biens corporels et incorporels*. 2ᵉ tirᵉ. 6 fr.
  — IV. — *Les entreprises, le commerce et la circulation*. 2ᵉ tirᵉ. 6 fr.
  — V. — *Les finances publiques et le budget de la France*. . 6 fr.
  — VI. — *Les travaux publics et les transports*. . . . . 6 fr.
— SUPPLÉMENT ANNUEL (1910) aux *Livres IV, V et VI*, broch. in-8. 1 fr.
COURCELLE-SENEUIL, de l'Institut. Traité théorique et pratique des opérations de banque. *Dixième édition, revue et mise à jour*, par A. LIESSE, professeur au Conservatoire des arts et métiers. 1 vol. in-8. . 9 fr.
EICHTHAL (Eugène d'), de l'Institut. La formation des richesses et ses conditions sociales actuelles, *notes d'économie politique*. . . . 7 fr. 50
LEROY-BEAULIEU (P.), de l'Institut. Traité théorique et pratique d'économie politique. 5ᵉ édition. 5 vol. in-8. . . . . 36 fr.
MARTIN-SAINT-LÉON (E.), conservateur de la bibliothèque du Musée Social. Histoire des corporations de métiers, *depuis leurs origines jusqu'à leur suppression en 1791*, suivie d'une étude sur l'*Évolution de l'idée corporative de 1791 à nos jours et sur le Mouvement syndical contemporain*. Deuxième édition, revue et mise au courant. 1 fort vol. in-8. (*Couronné par l'Académie française*) . . . . 10 fr.
NEYMARCK (A.). Finances contemporaines. — Tome I. *Trente années financières, 1872-1901*. 1 vol. in-8, 7 fr. 50. — Tome II. *Les budgets, 1872-1903*. 1 vol. in-8, 7 fr. 50. — Tome III. *Questions économiques et financières, 1872-1904*. 1 vol. in-8, 10 fr. — Tomes IV-V : *L'obsession fiscale, questions fiscales, propositions et projets relatifs aux impôts depuis 1871 jusqu'à nos jours*, 2 vol. in-8 (1907). . . . . 15 fr.
NOVICOW (J.). Le problème de la misère et les phénomènes économiques naturels. 1 vol. in-8. . . . . 7 fr. 50
PAUL-BONCOUR. Le fédéralisme économique et le syndicalisme obligatoire, préface de WALDECK-ROUSSEAU, 1 vol. in-8. 2ᵉ édit . . 6 fr.
RAFFALOVICH (A.). Le marché financier. France, Angleterre, Allemagne, Russie, Autriche, Japon, Suisse, Italie, Espagne, États-Unis. Questions monétaires. Métaux précieux. Années 1891. 1 vol. 5 fr. 1892. 1 vol. 5 fr. 1893 à 1894 1 vol. 6 fr. 1894-1895 à 1896-1897. Chacune 1 vol. 7 fr. 50 ; 1897-1898 à 1901-1902, chacune 1 vol. 10 fr. ; 1902-1903 à 1909-1910, chacune 1 vol. . . . . 12 fr.
STOURM, de l'Institut. Cours de finances. Le budget, son histoire et son mécanisme. 6ᵉ édition. 1 vol. in-8. . . . . 10 fr.
WEULERSSE (G.). Le mouvement physiocratique en France de 1856 à 1770. 2 vol. in-8 (1910). . . . . 25 fr.

PRÉCÉDEMMENT PARUS

BANFIELD, Prof. à l'Univ. de Cambridge. Organisation de l'industrie, traduit par M. EMILE THOMAS. 1 vol. in-8. . . . . 6 fr.
BAUDRILLART (H.), de l'Institut. Philosophie de l'économie politique. *Des rapports de l'économie politique et de la morale*. 2ᵉ éd. in-8. 9 fr.
BLANQUI, de l'Institut. Histoire de l'économie politique en Europe, *depuis les Anciens jusqu'à nos jours*, 5ᵉ édition. 1 vol. in-8. . 8 fr.

BIBLIOTHÈQUE DES SCIENCES MORALES ET POLITIQUES

BLOCK (M.), de l'Institut. Les progrès de la science économique depuis ADAM SMITH. 2ᵉ édit. augmentée, 2 vol. in-8 . . . . 16 fr.
BLUNTSCHLI. Le droit international codifié. Traduit de l'allemand par M. C. LARDY. 5ᵉ édition, revue et augmentée. 1 vol. in-8 . . . 10 fr.
— Théorie générale de l'État, traduit de l'allemand par M. DE RIEDMATTEN. 3ᵉ édition. 1 vol. in-8 . . . . 9 fr.
COURCELLE-SENEUIL, de l'Institut. Traité théorique et pratique d'économie politique. 3ᵉ édition, revue et corrigée. 2 vol. in-18. 7 fr.
COURTOIS (A.). Histoire des banques en France. 2ᵉ édition. 1 v. in-8. 8 fr. 50
FAUCHER (L.), de l'Institut. Études sur l'Angleterre. 2. vol. in-8. 6 fr.
FIX (Th.). Observations sur l'état des classes ouvrières. in-8. . 5 fr.
GROTIUS. Le droit de la guerre et de la paix. 3 vol. in-8 . . 12 fr. 50
HAUTEFEUILLE. Des droits et des devoirs des nations neutres en temps de guerre maritime. 3ᵉ édit. refondue. 3 forts vol. in-8. 22 fr. 50
— Histoire des origines, des progrès et des variations du droit maritime international. 2ᵉ édition. 1 vol. in-8. . . . . . 7 fr. 50
LEROY-BEAULIEU (P.), de l'Institut. Traité de la science des finances. 7ᵉ édition, revue, corrigée et augmentée. 2 forts vol. in-8. . . 25 fr.
— Essai sur la répartition des richesses et sur la tendance à une moindre inégalité des conditions. 3ᵉ édit., revue et corrigée. 1 vol. in-8. 9 fr.
— L'État moderne et ses fonctions. 3ᵉ édition. 1 vol. in-8. . . 9 fr.
— Le collectivisme, examen critique du nouveau socialisme. — L'Évolution du Socialisme depuis 1895. — Le syndicalisme. 5ᵉ édit., revue et augmentée, 1 vol. in-8. . . . . 9 fr.
— De la colonisation chez les peuples modernes. 6ᵉ édition. 2 vol. in-8. 20 fr.
LIESSE (A.), professeur au Conservatoire national des arts et métiers. Le travail aux points de vue scientifique, industriel et social. 1 vol. in-8. . . . . 7 fr. 50
MORLEY (John). La vie de Richard Cobden, traduit par SOPHIE RAFFALOVICH. 1 vol. in-8. . . . . 8 fr.
PASSY (H.), de l'Institut. Des formes de gouvernement et des lois qui les régissent. 2ᵉ édition. 1 vol. in-8. . . . . 7 fr. 50
PRADIER-FODÉRÉ. Précis de droit administratif. 7ᵉ édition, tenue au courant de la législation. 1 fort vol. in-8. . . . . . . 10 fr.
RICHARD (A.). L'organisation collective du travail, préface par Yves GUYOT. 1 vol. grand in-8. . . . . 6 fr.
ROSSI (P.), de l'Institut. Cours d'économie politique, 5ᵉ édition. 4 vol. in-8. . . . . 15 fr.
— Cours de droit constitutionnel, 2ᵉ édition. 4 vol. in-8. . . . 15 fr.
STOURM (R.), de l'Institut. Les systèmes généraux d'impôts. 3ᵉ édition revisée et mise au courant. 1 vol. in-8. . . En préparation.
VIGNES (Edouard). Traité des impôts en France. 4ᵉ édition, mise au courant de la législation, par M. VERGNIAUD. 2 vol. in-8. . 16 fr.
VILLEY (Ed.). Principes d'Économie politique. 3ᵉ édit. 1 vol. in-8. 10 fr.

BIBLIOTHÈQUE DES SCIENCES MORALES ET POLITIQUES

FORMAT IN-18 JÉSUS.

VOLUMES RÉCEMMENT PUBLIÉS.

BOURDEAU (J.). — Entre deux servitudes. Démocratie, socialisme, syndicalisme, impérialisme, les étapes de l'internationale socialiste, opinions de sociologues. 1 vol. in-16. . . . . 3 fr. 50
BROUILHET (Ch.). — Le conflit des doctrines dans l'économie politique contemporaine. 1 vol. in-16. . . . . 3 fr. 50
DEPUICHAULT. — La Fraude successorale par le procédé du comptejoint. Préface de M. Paul LEROY-BEAULIEU. 1 vol. in-16. . 3 fr. 50
DUGUIT (L.). — Le droit social, le droit individuel et la transformation de l'État. 1 vol. in-16, 2ᵉ édit. . . . . 2 fr. 50
LESEINE (L.) et SURET (L.). — Introduction mathématique à l'étude de l'économie politique. 1 vol. in-16 avec figures. . . . 3 fr.

NOUEL (R.). — Les Sociétés par actions, leur réforme, préface de P. BAUDIN. 1 vol. in-16. . . . . 3 fr. 50
PAWLOWSKI (A.). — La Confédération générale du travail. Ses origines, son organisation, ses tendances, ses moyens d'action et son avenir. Préface de J. BOURDEAU. 1 vol. in-16 . . . . . 2 fr. 50
PETIT (Ed.). — De l'Ecole à la Cité. Études sur l'éducation populaire. 1 vol. in-16 . . . . 3 fr. 50
Politique budgétaire en Europe (La). — Les tendances actuelles, Allemagne, France, Grande-Bretagne, Empire Ottoman, Russie, par MM. ÉMILE LOUBET, S.-A. HUSSEIN, HILMI PACHA, ANDRÉ LEBON, GEORGES BLONDEL, RAPHAEL-GEORGES LÉVY, A. RAFFALOVICH, CHARLES LAURENT, CHARLES PICOT, HENRI GANS. 1 vol. in-16 . . . . . 3 fr. 50

PRÉCÉDEMMENT PARUS

AUCUY (M.). Les systèmes socialistes d'échange. Avant-propos de M. A. DESCHAMPS, prof. à la Faculté de Droit de Paris. 1 vol. in-16 3 fr. 50
BASTIAT (Frédéric). Œuvres complètes, précédées d'une Notice sur sa vie et ses écrits. 7 vol. in-18. . . . . 24 fr. 50
   I. Correspondance. — Premiers écrits. 3ᵉ édition, 3 fr. 50; — II. Le Libre-Échange. 3ᵉ édition, 3 fr. 50; — III. Cobden et la Ligue. 4ᵉ édition, 2 fr. 50; — IV et V. Sophismes économiques. — Petits pamphlets. 6ᵉ édit. 2 vol., 7 fr.; — VI. Harmonies économiques. 9ᵉ édition, 3 fr. 50; — VII. Essais. — Ébauches. — Correspondance. . . . . . . 3 fr. 50
   Les tomes IV et V seuls ne se vendent que réunis.
CHALLAYE. Syndicalisme révolutionnaire et syndicalisme réformiste. 1 vol. in-16. . . . . 2 fr. 50
CIESZKOWSKI (A.). Du crédit et de la circulation. 3ᵉ édit. in-18. 3 fr. 50
COURCELLE-SENEUIL (J.-G.). Traité théorique et pratique d'économie politique. 3ᵉ édit. 2 vol. in-18. . . . . 7 fr.
— La société moderne. 1 vol. in-18. . . . . 5 fr.
DOLLÉANS. Robert Owen (1771-1858). Avant-propos de M. E. FAGUET, de l'Académie française. 1 vol. in-18, avec gravures. . . . 3 fr. 50
EICHTHAL (E. d'), de l'Institut. La liberté individuelle du travail et les menaces du législateur. 1 vol. in-16. . . . . 2 fr. 50
Forces productives de la France (Les). Conférences organisées par la Société des anciens élèves de l'Ecole libre des sciences politiques, par MM. P. BAUDIN, P. LEROY-BAULIEU, MILLERAND, ROUME, J. THIERRY, E. ALLIX, J.-C. CHARPENTIER, H. DE PEYERIMHOFF, P. DE ROUSIERS, D. ZOLLA. 1 vol. in-16. . . . . 3 fr. 50
FREEMAN (E.-A.). Le développement de la constitution anglaise, depuis les temps les plus reculés jusqu'à nos jours. 1 vol. in-18. . . 3 fr. 50
GAUTHIER (A.-E.), sénateur, ancien ministre. La réforme fiscale par l'impôt sur le revenu. 1 vol. in-18. . . . . 3 fr. 50
LIESSE, professeur au Conservatoire des arts et métiers. La statistique, ses difficultés, ses procédés, ses résultats. 1 vol. in-18. . . 2 fr. 50
— Portraits de financiers. OUVRARD, MOLLIEN, GAUDIN, BARON LOUIS, CORVETTO, LAFFITTE, DE VILLÈLE. 1 vol. in-18. . . . . . 3 fr. 50
MARGUERY (E.). Le droit de propriété et le régime démocratique. 1 vol. in-18. . . . . 2 fr. 50
MERLIN (R.), biblioth. archiviste du Musée social. Le contrat de travail, les salaires, la participation aux bénéfices. 1 v. in-18. . . 2 fr. 50
MILHAUD (Mlle Caroline). L'ouvrière en France, sa condition présente, réformes nécessaires. 1 vol. in-18. . . . . 2 fr. 50
MILHAUD (Edg.), professeur d'économie politique à l'Université de Genève. L'imposition de la rente. Les engagements de l'État, les intérêts du crédit public, l'égalité devant l'impôt. 1 vol. in-16. . 3 fr. 50
MOLINARI (G. de), correspondant de l'Institut. Questions économiques à l'ordre du jour. 1 vol. in-18. . . . . 3 fr. 50
— Les problèmes du XXᵉ siècle. 1 vol. in-18. . . . . 3 fr. 50
— Théorie de l'Évolution. Économie de l'histoire. 1 vol. in-16. 3 fr. 50
PIC (P.), professeur de législation industrielle à l'Université de Lyon. La protection légale des travailleurs et le droit international ouvrier. 1 vol. in-16. . . . . 2 fr. 50
STUART MILL (J.). Le gouvernement représentatif. Traduction et Introduction, par M. DUPONT-WHITE. 3ᵉ édition. 1 vol. in-18. 4 fr.

COLLECTION
D'AUTEURS ÉTRANGERS CONTEMPORAINS

Histoire — Morale — Économie politique — Sociologie

Format in-8. (Pour le cartonnage, 1 fr. 50 en plus.)

BAMBERGER. — **Le Métal argent au XIX⁰ siècle**. Traduction par M. Raphael-Georges Lévy. 1 vol. Prix, broché . . . . . . 6 fr. 50

C. ELLIS STEVENS. — **Les Sources de la Constitution des États-Unis**, *étudiées dans leurs rapports avec l'histoire de l'Angleterre et de ses Colonies*. Traduit par Louis Vossion. 1 vol. in-8. Prix, broché. 7 fr. 50

GOSCHEN. — **Théorie des Changes étrangers**. Traduction et préface de M. Léon Say. *Quatrième édition française* suivie du *Rapport de 1875 sur le paiement de l'indemnité de guerre*, par le même. 1 vol. Prix, broché . . . . 7 fr. 50

HERBERT SPENCER. — **Justice**. 3ᵉ *édition*. Trad. de M. E. Castelot. 1 vol. Prix, broché . . . . 7 fr. 50

HERBERT SPENCER. — **La Morale des différents Peuples et la Morale personnelle**. Traduction de MM. Castelot et E. Martin Saint-Léon. 1 vol. Prix, broché . . . . 7 fr. 50

HERBERT SPENCER. — **Les Institutions professionnelles et industrielles**. Traduit par Henri de Varigny. 1 vol. in-8. Prix, br. 7 fr. 50

HERBERT SPENCER. — **Problèmes de Morale et de Sociologie**. Traduction de M. H. de Varigny. 2ᵉ édit. 1 vol. Prix, broché. . 7 fr. 50

HERBERT SPENCER. — **Du Rôle moral de la Bienfaisance**. (*Dernière partie des principes de l'éthique*). Traduction de MM. E. Castelot et E. Martin Saint-Léon. 1 vol. Prix, broché . . . . 7 fr. 50

HOWELL. — **Le Passé et l'Avenir des Trade Unions**. *Questions sociales d'aujourd'hui*. Traduction et préface de M. Le Cour Grandmaison. 1 vol. Prix, broché . . . . 5 fr. 50

KIDD. — **L'évolution sociale**. Traduit par M. P. Le Monnier. 1 vol. in-8. Prix, broché. . . . . 7 fr. 50

NITTI. — **Le Socialisme catholique**. Traduit avec l'autorisation de l'auteur. 1 vol. Prix, broché . . . . 7 fr. 50

RUMELIN. — **Problèmes d'Économie politique et de Statistique**. Traduit par Ar. de Riedmatten. 1 vol. Prix, broché. . . . . 7 fr. 50

SCHULZE GAVERNITZ. — **La grande Industrie**. Traduit de l'allemand. Préface par M. G. Guéroult. 1 vol. Prix, broché . . . . 7 fr. 50

W.-A. SHAW. — **Histoire de la Monnaie (1252-1894)**. Traduit par M. Ar. Raffalovich. 1 vol. Prix, broché . . . . 7 fr. 50

THOROLD ROGERS. — **Histoire du Travail et des Salaires en Angleterre depuis la fin du XIIIᵉ siècle**. Traduction avec notes par E. Castelot. 1 vol. in-8. Prix, broché . . . . 7 fr. 50

WESTERMARCK. — **Origine du Mariage dans l'espèce humaine**. Traduction de M. H. de Varigny. 1 vol. Prix, broché . . . . 11 fr.

A.-D. WHITE. — **Histoire de la Lutte entre la Science et la Théologie**. Traduit et adapté par MM. H. de Varigny et G. Adam. 1 vol. in-8. Prix, broché . . . . 7 fr. 50

PETITE BIBLIOTHÈQUE
ÉCONOMIQUE
FRANÇAISE ET ÉTRANGÈRE

PUBLIÉE SOUS LA DIRECTION DE M. J. CHAILLEY-BERT

PRIX DE CHAQUE VOLUME IN-32, ORNÉ D'UN PORTRAIT
Cartonné toile. . . . . 2 fr. 50

XVIII VOLUMES PUBLIÉS

I. — VAUBAN. — Dîme royale, par G. Michel.
II. — BENTHAM. — Principes de Législation, par Mlle Raffalovich.
III. — HUME. — Œuvre économique, par Léon Say.
IV. — J.-B. SAY. — Économie politique, par H. Baudrillart, de l'Institut.
V. — ADAM SMITH. — Richesse des Nations, par Courcelle-Seneuil, de l'Institut. 2e édit.
VI. — SULLY. — Économies royales, par M. J. Chailley-Bert.
VII. — RICARDO. — Rentes, Salaires et Profits, par M. P. Beauregard, de l'Institut.
VIII. — TURGOT. — Administration et Œuvres économiques, par M. L. Robineau.
IX. — JOHN STUART MILL. — Principes d'économie politique, par M. L. Roquet.
X. — MALTHUS. — Essai sur le principe de population, par M. G. de Molinari.
XI. — BASTIAT. — Œuvres choisies, par M. de Foville, de l'Institut. 2e édit.
XII. — FOURIER. — Œuvres choisies, par M. Ch. Gide.
XIII. — F. LE PLAY. — Économie sociale, par M. F. Auburtin. Nouvelle édit.
XIV. — COBDEN. — Ligue contre les lois, Céréales et Discours politiques, par Léon Say, de l'Académie française.
XV. — KARL MARX. — Le Capital, par M. Vilfredo Pareto. 3e édit.
XVI. — LAVOISIER. — Statistique agricole et projets de réformes, par MM. Schelle et Ed. Grimaux, de l'Institut.
XVII. — LÉON SAY. — Liberté du Commerce, finances publiques, par M. J. Chailley-Bert.
XVIII. — QUESNAY. — La Physiocratie, par M. Yves Guyot.

Chaque volume est précédé d'une introduction et d'une étude biographique, bibliographique et critique sur chaque auteur.

NOUVEAU DICTIONNAIRE
D'ÉCONOMIE POLITIQUE

PUBLIÉ SOUS LA DIRECTION DE
M. LÉON SAY et de M. JOSEPH CHAILLEY-BERT
Deuxième édition.

2 vol. grand in-8 raisin et un Supplément : prix, brochés. . . . . . 60 fr.
— demi-reliure chagrin. . . . . 69 fr.

COMPLÉTÉ PAR 3 TABLES : Table des auteurs, table méthodique et table analytique.

Cet ouvrage peut s'acquérir en envoyant un mandat-poste de 20 fr., au reçu duquel est faite l'expédition du livre, et en payant le reste, soit 40 fr., en quatre traites de 10 fr. chacune, de deux mois en deux mois. (Pour recevoir l'ouvrage relié ajouter 9 fr. au premier paiement.)

REVUE PHILOSOPHIQUE
DE LA FRANCE ET DE L'ÉTRANGER
DIRIGÉE par **Th. RIBOT**
Membre de l'Institut, Professeur honoraire au Collège de France.
36ᵉ année, 1911. — PARAIT TOUS LES MOIS.

Abonnement :
Un an du 1ᵉʳ Janvier : Paris, 30 fr.; Départ. et Etranger, 33 fr.
La livraison, 3 fr.

JOURNAL DE PSYCHOLOGIE
NORMALE ET PATHOLOGIQUE
DIRIGÉ PAR LES DOCTEURS

Pierre JANET   et   **G. DUMAS**
Professeur de psychologie au Collège   Professeur-adjoint à la Sorbonne.
de France.

8ᵉ année, 1911. — PARAIT TOUS LES DEUX MOIS.
ABONNEMENT, UN AN, du 1ᵉʳ janvier, **14 fr.**
La livraison, 2 fr. 60.

Le prix d'abonnement est de 12 fr. pour les abonnés de la Revue philosophique.

JOURNAL DES ÉCONOMISTES
REVUE MENSUELLE DE LA SCIENCE ÉCONOMIQUE ET DE LA STATISTIQUE
70ᵉ ANNÉE, 1911.

PARAIT LE 15 DE CHAQUE MOIS
par fascicules grand in-8 de 10 à 12 feuilles (180 à 192 pages).

RÉDACTEUR EN CHEF : **M. YVES GUYOT**
Ancien ministre,
Vice-président de la Société d'Economie politique.

CONDITIONS DE L'ABONNEMENT :
France et Algérie : UN AN........ **36 fr.**; SIX MOIS....... **19 fr.**;
Union postale : UN AN........... **38 fr.**; SIX MOIS....... **20 fr.**
LE NUMÉRO................ 3 fr. 50
Les abonnements partent de Janvier, Avril, Juillet ou Octobre.

REVUE HISTORIQUE
Dirigée par MM. **G. MONOD**, de l'Institut, et **Ch. BÉMONT**.
(36ᵉ année, 1911). — Paraît tous les deux mois.
Abonnement du 1ᵉʳ janvier, un an : Paris, 30 fr. — Départements et étranger, 33 fr. La livraison, 6 fr.

Revue Anthropologique
Organe de l'École d'Anthropologie de Paris,
faisant suite à la *Revue de l'École d'Anthropologie de Paris*.
Revue Mensuelle. — 21ᵉ année 1911.
Abonnement, un an, du 1ᵉʳ janvier : France et Etranger, **10 fr.**
— Le Numéro, 1 fr.

REVUE DU MOIS

Directeur : **Émile BOREL**, professeur à la Sorbonne.
Secrétaire de la rédaction : **A. BIANCONI**, agrégé de l'Université.

Sixième année, 1911

Paraît le 10 de chaque mois par livraisons de 128 pages grand in-8° (25 × 16)

Chaque année forme deux volumes de 750 à 800 pages chacun.

La Revue du Mois, qui est entrée en janvier 1911 dans sa sixième année, suit avec attention dans toutes les parties du savoir le mouvement des idées. Rédigée par des spécialistes éminents, elle a pour objet de tenir sérieusement les esprits cultivés au courant de tous les progrès. Dans des articles de fond aussi nombreux que variés, elle dégage les résultats les plus généraux et les plus intéressants de chaque ordre de recherches, ceux qu'on ne peut ni ne doit ignorer. Dans des notes plus courtes, elle fait place aux discussions, elle signale et critique les articles de Revues, les livres qui méritent intérêt.

Abonnement :

Un an : Paris, 20 fr. — Départements, 22 fr. — Étranger, 25 fr.
Six mois : — 10 fr. —   —   11 fr. —   —   12 fr. 50
La livraison, 2 fr. 25
Les abonnements partent du dix de chaque mois.

REVUE DES SCIENCES POLITIQUES

Paraissant tous les deux mois

publiée avec la collaboration des professeurs et des anciens élèves de l'École libre des Sciences politiques, et faisant suite aux *Annales des Sciences politiques*.

Rédacteur en chef : **M. Maurice ESCOFFIER**
Maître de Conférences à l'École.

Abonnement : du 1ᵉʳ janvier, Paris 18 fr. ; Départ. et Étranger, 19 fr.
La livraison : 3 fr. 50.

Abonnements sans frais à la Librairie Félix Alcan, chez tous les libraires et dans tous les bureaux de poste.

BIBLIOTHÈQUE DE PHILOSOPHIE CONTEMPORAINE

Volumes in-16 ; chaque vol. broché : 2 fr. 50

R. Allier.
Philos. d'Ernest Renan, 3ᵉ édit.
L. Arréat.
Dix ans de philosophie.
G. Aslan.
Expér. et invent. en morale.
A. Bayet.
La morale scientifique, 2ᵉ éd.
Bergson.
Le rire, 8ᵉ éd.
A. Binet.
La psychol. du raisonn. 5ᵉ éd.
H. Blondel.
Approximation de la vérité.
G. Bohn.
La nouvelle psychologie animale.
G. Bos.
Psychol. de la croyance, 2ᵉ éd.
Pessimisme, féminisme, etc.
C. Bouglé.
Les sciences soc. en Allem.
E. Boutroux.
Contig. des lois de la nature.
J. Bourdeau.
Maîtres de la pensée contemp.
Socialistes et sociologues.
Pragmatisme et modernisme.
Brunschvicg.
Introd. à la vie de l'esprit. 3ᵉ éd.
L'idéalisme contemporain.
C. Coignet.
Évolution du protestantisme.
G. Compayré.
L'adolescence, 2ᵉ édition.
A. Cresson.
La morale de Kant, 2ᵉ éd.
Malaise de la pensée philos.
Philosophie naturaliste.
Danville.
Psychologie de l'amour. 5ᵉ éd.
De Greef.
Lois sociologiques.
Delvolvé.
Organis. de la consc. morale.
Rationalisme et tradition.
Dromard.
Mensonges de la vie intérieure.
L. Dugas.
Le psittacisme.
La timidité, 5ᵉ édition.
Psychologie du rire, 2ᵉ édit.
L'absolu.
L. Dugas et F. Moutier.
La dépersonnalisation.
Dumas.
Le sourire.
Ch. Dunan.
Les deux idéalismes.
G.-L. Duprat.
Les causes sociales de la folie.
Le mensonge, 2ᵉ édit.
E. Durkheim.
Règles de la méth. soc. 6ᵉ éd.
Emerson.
Essais choisis.
Encausse.
Occult. et Spiritual. 3ᵉ éd.
R. Eucken.
Le sens et la valeur de la vie.

Flérens-Gevaert.
Essai sur l'art contemp. 2ᵉ éd.
La tristesse contemp. 5ᵉ éd.
Psychologie d'une ville, 3ᵉ éd.
Nouveaux essais sur l'art.
Fournière.
Essai sur l'individualisme.
Rogues de Fursac.
Un mouvement mystique.
L'avarice.
Guyau.
Genèse de l'idée de temps.
E. Goblot.
Justice et Liberté, 2ᵉ éd.
Grasset.
Limites de la biologie, 6ᵉ éd.
Jankelevitch.
Nature et société.
A. Joussain.
Fondem. psychol. de la morale.
Lachelier.
Fondem. de l'induction, 6ᵉ éd.
Le syllogisme.
J.-M. Lahy.
La Morale de Jésus.
C.-A. Laisant.
L'éduc. fond. s. la science, 3ᵉ éd.
A. Landry.
La responsabilité pénale.
Gustave Le Bon.
Évolution des peuples, 10ᵉ éd.
Psychologie des foules, 17ᵉ éd.
F. Le Dantec.
Le déterminisme biol. 3ᵉ éd.
L'individualité, 3ᵉ éd.
Lamarckiens et Darwiniens.
Le chaos et l'harmonie univ.
L. Liard.
Logiciens angl. contemp. 5ᵉ éd.
Définitions géomét. 3ᵉ éd.
H. Lichtenberger.
Philos. de Nietzsche, 12ᵉ édit.
Frag. et aphor. de Nietzsche.
Mauxion.
L'éduc. par l'instruction. 2ᵉ éd.
La moralité.
G. Milhaud.
La certitude logique, 3ᵉ éd.
Le rationnel.
Murisier.
Malad. du sentim. relig. 3ᵉ éd.
Palante.
Précis de sociologie, 5ᵉ édit.
La sensibilité individualiste.
D. Parodi.
Le problème moral.
Fr. Paulhan.
La fonction de la mémoire.
Psychologie de l'invention.
Les phénomènes affectifs, 2ᵉ éd.
Analystes et esprits synthétiq.
La morale de l'ironie.
Logique de la contradiction.
J. Philippe.
L'image mentale.
Philippe et Paul-Boncour
Anomalies ment. chez les écoliers.

Proal.
Éducat. et suicide des enfants.
Queyrat.
L'imag. chez l'enfant. 4ᵉ éd.
L'abstraction dans l'éduc. 2ᵉ éd.
Les caractères, 4ᵉ éd.
La logique chez l'enfant, 3ᵉ éd.
Les jeux des enfants, 3ᵉ éd.
La curiosité.
G. Rageot.
Les savants et la philosophie.
G. Renard.
Le régime socialiste, 6ᵉ édit.
Rey.
L'énergétique et le mécanisme.
A. Réville.
Dogme de la divinité de J.-C.
Th. Ribot.
Probl. de psychol. affective.
La psych. de l'attention, 11ᵉ éd.
La phil. de Schopen. 12ᵉ éd.
Les mal. de la mém. 22ᵉ édit.
Les mal. de la volonté, 27ᵉ éd.
Mal. de la personnalité, 15ᵉ éd.
G. Richard.
Social. et science sociale. 2ᵉ éd.
Ch. Richet.
Psychologie générale, 8ᵉ éd.
E. De Roberty.
L'inconnaissable.
Recherche de l'unité.
A. Comte et H. Spencer.
Le bien et le mal.
Le psychi-me social.
Les fondements de l'éthique.
Constitution de l'éthique.
Fréd. Nietzsche.
Roussel-Despierres.
L'idéal esthétique.
E. Rœhrich.
L'attention.
Seillière.
Philos. de l'impérialisme.
F. Simiand.
La méthode positive en science économique.
P. Sollier.
Les phénomènes d'autoscopie.
L'association en psychologie.
Morale et moralité.
Souriau.
La rêverie esthétique.
Sully Prudhomme.
Psych. du libre arbitre, 2ᵉ éd.
Sully Prudhomme. et Ch. Richet.
Probl. des causes finales, 3ᵉ éd.
Tanon.
L'évolution du droit. 3ᵉ éd.
G. Tarde.
La criminalité comparée. 7ᵉ éd.
Les transform. du droit, 7ᵉ éd.
Les lois sociales, 6ᵉ éd.
J. Taussat.
Le monisme et l'animisme.
Thamin.
Éducation et positivisme. 3ᵉ éd.
P.-F. Thomas.
La suggestion et l'éduc. 5ᵉ éd.
Morale et éducation. 3ᵉ éd.

www.ingramcontent.com/pod-product-compliance
Lightning Source LLC
Chambersburg PA
CBHW051904160426
43198CB00012B/1741